Cherchez l'erreur !

Graphisme :
Luc Doligez / Dominique Gallet

85/89, quai André Citroën
75711 Paris Cedex 15
ISBN : 2-226-10921-8

PHILIPPE VANDEL

Cherchez l'erreur !

Petites et grandes absurdités de la vie quotidienne

CANAL+ EDITIONS

Sauf erreur, je ne me trompe jamais.

Alexandre Vialatte

Ceci n'est pas une préface.

Ce livre est un recueil d'authentique, avec de gros morceaux de vérité dedans. On aurait pu l'appeler "choses vues". Mais Victor Hugo avait déjà piqué l'idée.

On pourrait également, n'était-ce la vanité de la chose, le présenter comme un cours de logique appliquée : de la presse à la publicité, d'une notice technique à un règlement administratif, il déploie le large éventail de ce qu'il ne faut pas faire.

Le lecteur a déjà vu nombre de documents montrés ici. Certains sont passés sous ses yeux personnellement ; d'autres ont été présentés vers vingt heures à Nulle Part Ailleurs. Tous sont libres d'accès. Ils viennent de la vie quotidienne. Là réside leur charme. Une Bordelaise m'avait averti lors d'un micro-trottoir : "J'aime bien les vacances, mais au jour le jour je préfère la vie quotidienne."

Certaines pièces, toutefois, ne se livrent pas de manière évidente à nos sarcasmes. C'est le jeu. C'est même le titre de ce jeu : Cherchez l'erreur ! A vous, donc, de les découvrir. Sans commettre l'erreur d'aller d'abord consulter les réponses.

Ne nous trompons pas de combat : notre monde vit d'erreurs. C'est en se trompant que l'on progresse. Sans erreur, Pasteur n'aurait pas découvert les ondes radio. Sans erreur, l'humanité ne connaîtrait pas la tarte Tatin. Ou la crème renversée sur le tapis.

Plus sérieusement, n'oublions jamais Blaise Pascal : "L'erreur n'est pas le contraire de la vérité. Elle est l'oubli de la vérité contraire."

Le poids des photos

→ Toulon

Et sans ciel ?

Rare : un slogan publicitaire qui prête vraiment à rêver d'un monde meilleur.

N'en jetez plus

Law is law

Je traduis : "Parking interdit. Pas 5 minutes. Pas 30 secondes. Pas du tout !"

Gare au dard

Sans mauvais jeu de mots : des piqûres épicées.

→ Hautes-Pyrénées

Clôture très utile

Dans le même genre, évitez d'offrir des orphelins à un orphelinat.

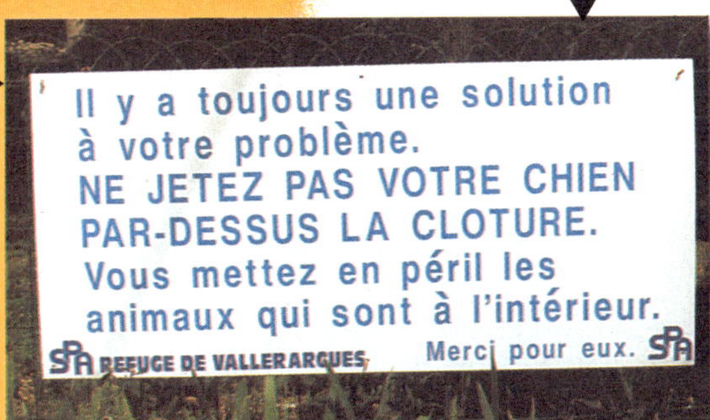

Pas si con

Ah bon ? Certaines lettres auraient été grattées ? Pas possible !

Colis perdu

— Pour les fêtes, j'ai adressé un colis à une amie, qui s'est égaré. La Poste a-t-elle un service de réclamations ?

B.N. (Marseille)

— Si vous désirez retrouver un colis, vous devez adresser un mandat international, connaître le code postal d'une ville. Le courrier de la Poste met à la disposition du public un numéro vert gratuit (05.05.02.02) qui vous renseignera utilement, du lundi au vendredi de 8 heures à 19 heures, le samedi de 8 heures à 12 heures. Des informations sur les produits financiers de la Poste vous seront également communiqués.

→ Le Parisien

Egaré

A la Poste, vous avez des droits, mais aussi des devoirs. Et intérêt à avoir de quoi investir.

Relativement timbré

Hivernage

Le pire, ce doit être les années bissextiles.

SIBÉRIE

Géant de l'ancien Monde

Un reportage de Gilles ELKAIM

EXCEPTIONNEL

En Sibérie l'hiver dure douze mois, et le reste du temps c'est l'été. La Sibérie est sans limites : 7000 km de vastes étendues de taïga, de toundra, de steppes et de montagnes dans lesquelles vivent des slaves sibériens mais aussi

→ Extrait de tract

Beurk !

Faut-il croire les témoignages des rescapés ?

LE RU

Le RU (restaurant universitaire) permet de se nourrir à moindre frais. Parfois, on peut aussi y manger. Depuis cinq ans, la qualité des repas s'est grandement améliorée. Il existe aussi des cafétérias intégrées qui relèvent le niveau de la gastronomie : c'est toujours plus cher, parfois meilleur… à vous de tester.

au delà de 19 heures et avant 9 heures.

- La présence de tout animal en liberté est interdite. Si les chiens sont tolérés, ils ne devront pas nuire à la copropriété soit par leurs aboiements, leurs odeurs ou leurs salissures. Ils devront faire leurs besoins dans les caniveaux.

- Il ne pourra etre mis aux fenetres ou aux balcons aucun objet qui puisse nuire à la propriété ou au bon aspect de l'immeuble (meubles d'intérieur, vélos, voitures, canisses etc...). Seuls les meubles de jardins sont autorisés ainsi que les pares vent translucides

- Il ne poura etre étendu de linge aux fenetres, ni sur le grand balcon, ni dans les parties communes.

→ Extrait d'un règlement d'immeuble

C'est le règlement

Au cas où vous voudriez monter votre Volvo au sixième...

Avantages lumineux

Des arguments sérieux qui donnent envie d'acheter.

Ne réfléchit pas

Voilà ce qui arrive quand on rentre bêtement les infos dans l'ordinateur.

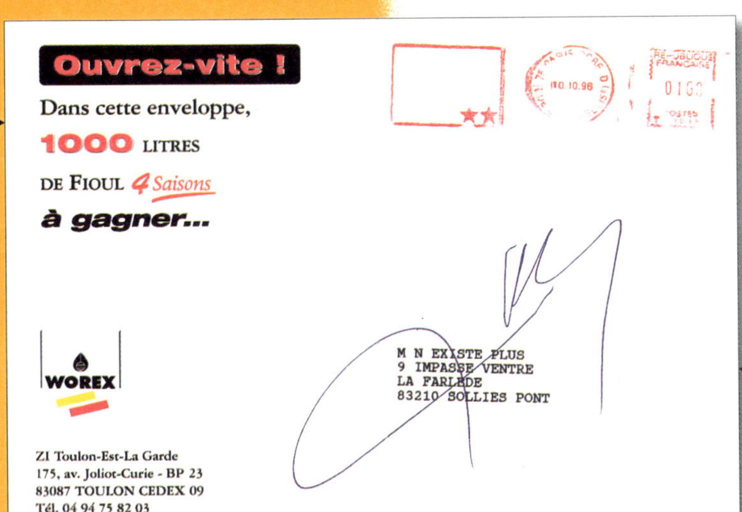

équipe.

QUÊTES - De grâce, si d'aventure vous avez oublié votre porte-feuille ou votre chéquier en venant aux offices, laissez passer le quêteur ou la quêteuse plutôt que de donner n'importe quoi. Cependant je remercie celui ou celle qui, en guise d'offrande, a donné deux fusibles de voiture de 30 ampères chacun.

VIE MONTANTE - Le Mouvement Chrétien des

Denier du culte

Il a tout, Monsieur le curé : de l'humour, des paroissiens, et des accessoires auto.

Pas des Mogwaï

Ne vous demandez plus à quoi ressemble un épagneul...

Vds **chiots épagneuls Tibétains** élevés en famille ressemblent aux gremlins, affectueux, inscrits LOF tatoués vaccinés - 29.66.[redacted].[redacted]

C'est mignon à cet âge-là

Quoi ma gueule ?

Un gros portefeuille, une bonne tête : marché conclu.

■ SPLENDIDES CHATONS PERSANS crèmes avec pédigrée prix selon tête du client et motivation 48.60.[redacted].[redacted]

■ Vds chatons persans blanc

Plémet : pari gagné permis perdu

Un automobiliste de 44 ans, domicilié à Paris, a été condamné à 1 500 F d'amende et 14 mois de suspension du permis de conduire, par le tribunal correctionnel de Saint-Brieuc. L'homme a perdu son permis pour avoir gagné, le 7 septembre, un pari pour le moins stupide. Ce jour-là, il s'était rendu, au volant de sa voiture, à la gendarmerie de Plémet, demander s'il pouvait souffler dans l'éthylotest. **« C'est pour un pari »**, expliqu'a-t-il. Le résultat fut sans équivoque. Le taux d'alcool dépassant les 3 g par litre de sang, le gendarme de service a placé ipso facto le plaisantin en cellule de dégrisement, avant de lui dresser, pour preuve, le procès-verbal qui convenait.

Bien joué

Je vous parie qu'il y a des paris plus stupides que d'autres...

Eternité

Au cas où la mer se barre en plein milieu des vacances.

■ **Flamanville**

HÔTEL DE LA FALAISE
***hôtel★★ restaurant★★★**
face à la mer tte l'année*
Diélette **33 04 08 40**

→ Annuaire, pages jaunes

Annonces jumelées

Dire qu'on se demandait où Gérard trouvait ses petits chiens !

19181 - A vendre chiots berger allemand à 3800 Fs et caniche à 1800 Fs - laisser message si répondeur au 90.72.20 Gérard

19182 - J'accepte gratuit un chiot berger allemand ou caniche - Tél 90.72.20

→ Antilles annonces

Subtilité municipale

Excellente idée de la mairie de Pontoise ! Et dire qu'il y a des idiots qui auraient préféré découvrir la rue piétonne à pied !

Miracle interdit

Credo quid absurbum. Et d'une manière plus générale : n'allez pas vous prendre pour le Messie.

Les pieds dans l'eau !

➔ Photo prise en Normandie

Pas prévu

Les prévisions météo sont comme les promesses politiques : elles n'engagent que ceux qui y croient...

→ Place de l'Hôtel-de-Ville à Paris

Cherchez l'erreur

A vous de

■ SPECIAL CHEVEUX

Réussir sa coule à la maison

Se colorer les cheveux c'est facile, à condition de bien choisir son produit et de suivre le mode d'emploi.

Le choix du type de coloration dépend du résultat que vous désirez. Vous avez envie d'une teinte qui change votre couleur naturelle, optez pour la coloration permanente. Vous préférez un résultat transparent, appliquez un produit qui colore ton sur ton.

■ Modifier la teinte de ses cheveux avec la coloration permanente.

Elle couvre tous les cheveux blancs et ne s'élimine pas au shampooing. Elle nécessite deux produits à mélanger : des précurseurs de couleurs associés à de l'ammoniaque et un oxydant.

■ Jouer sur la transparence avec les nuances ton sur ton.

Cette formule colore en transparence la teinte naturelle des cheveux. Elle est idéale pour les personnes ayant jusqu'à 50 % de cheveux blancs. Là aussi, la couleur résiste aux shampooings. Cette coloration, plus douce, car sans ammoniaque, nécessite aussi le mélange de produits : des précurseurs de couleurs associés à un composé alcalin et un oxydant.

Les colorations présentées en kit comprennent les produits à mélanger dans un petit bol, un shampooing adoucissant et des gants.

Coloration permanente : une crème soin protectrice, 18 nuances, Excellence de *L'Oréal, 55 F ;* nouvelle formule nutri-protectrice, 21 nuances, Belle Color de *Garnier, 42 F ;* aux protéines de soie et sans ammoniaque, 22 nuances, Eclat et Douceur d'*Eugène, 39 F.* Coloration ton sur ton : riche en actifs traitants, 15 nuances, Soft Color de *Wella, 48,50 F ;* résultat ultra-brillant, 11 nuances, Casting de *L'Oréal, 45 F ;* un soin-crème très doux, 10 nuances, Movida de *Garnier, 48 F.*

Bon à savoir : pour tous renseignements, appelez les numéros verts des grandes marques. Eugène : 05.28.65.09. Garnier : 05.00.01.23. L'Oréal : 05.27.16.61.

P. SABATIER

Appliquez le produit raie par raie

La pose est facilitée par un embout spécial. Certains produits colorants s'appliquent sur cheveux mouillés et essorés, d'autres sur cheveux secs. Vérifiez le mode d'emploi.

Les pros ne font pas mieux...

jouer !

ur

PHOTOS : AGENCE SOURY

Répartissez au peigne

Après l'application, massez légèrement pour bien répartir le produit et respectez le temps de pause. Répartissez le produit au peigne, sur toute la longueur, seulement tous les deux mois ; vous risquez sinon une surcharge de pigments.

Résultat

Une couleur réussie, gaie et bien posée. Les tons chauds conviennent davantage aux teints dorés ou mats, les nuances froides aux peaux claires et rosées.

Ne cherchez plus :

Pour être franc, on ne perçoit pas très bien la différence de teinte de cheveux d'une photo à l'autre. En revanche, les yeux ont carrément changé de couleur...

Le choc des mots

Il y a perte automatique de 6 points en présence des délits suivants :

- Homicide ou blessures involontaires entraînant une incapacité totale de travail de plus de 3 mois ;
- Conduite avec un taux d'alcoolémie supérieur à 0,8 g par litre de sang ;
- Délit de fuite ;
- Refus de se soumettre au dépistage d'alcoolémie ;
- Obstruction à l'immobilisation du véhicule par la police ;
- Refus d'obtempérer ;
- Conduite sans permis ;
- Refus de se soumettre aux vérifications de police...

Vous encourez la perte de 4 points pour

Seu… en … suiv… - No… - No… casc… - Ch… - De… de l… En pré… Ain… con… n'en… Elle… infr… *Co… poi…*

➜ Demain, revue de la Mutuelle des Agents des Impôts

C'est pas permis

Question : comment retirer des points à celui qui n'en a pas ?

Zéro de conduite !

C'est du vol

Le standing des voyages aériens, c'est plus ce que c'était...

■ POUSSEZ !

Un commandant de bord de la compagnie aérienne roumaine Tarom a demandé à ses passagers de sortir pour pousser l'avion et l'emmener en bout de piste, aucun engin spécialisé n'étant disponible pour l'éloigner du terminal. Furieux, les passagers n'ont rien voulu savoir et ont préféré se rendre dans un hôtel proche de l'aéroport en attendant que le problème soit réglé.

Lendemain de cuite

Et dire qu'il y a des gens qui boivent pour oublier...

OBJETS PERDUS

■ MA TWINGO verte immat 4028 TC 93 a été égarée1 jour de fête dans les rues d' Aulnay ou aux alentours villes limitrophes si elle est dans votre quartier SVP aidez moi à la retrouver Tél 01.43.84.[redacted].[redacted] récompense merci

➜ Le Journal des petites annonces de Aulnay

■ 886199 — **ATTENTION pistons** Cecile prend volant vends armure 400 F. — Tél. 04.73.69.[redacted] Gui et Cyril.

Jeune conductrice

Un homme averti en vaut un vivant.

A bas les critiqueurs !

A quelques semaines d'écart, le prix citron du journal Télé Poche cible ses critiques en connaissance de cause.

Prix orange

À Éric Cantona et Stéphane Diagana qui ont décidé de combattre le racisme. Une soirée de football, couplée à un relais-marathon, sera organisée le 11 mai, au Stade de France, pour célébrer le 150e anniversaire de l'abolition de l'esclavage.

Prix citron

Encore une fois, pour le désormais célèbre Stade de France. 80 000 places, c'est extraordinaire. Mais 6000 places de parking seulement, c'est inconscient. Décidément, cette magnifique construction accumule gaffes et bourdes…

Rédaction: Raymond Yves Atchadé

→ Télé Poche

le connaît assez mal… de faire toutes sortes de figures.

Prix orange

À la nageuse Roxana Maracineanu, au joueur de tennis Nicolas Escudé, à l'équipe de France de football ainsi qu'aux organisateurs de la cérémonie d'inauguration du Stade de France pour toutes les émotions qu'ils nous ont fait vivre.

Prix citron

À tous ceux (et ils sont nombreux) qui ont passé leur temps à critiquer les insuffisances et les défauts du Stade de France sans jamais relever l'exploit technique et esthétique de ce magnifique temple entièrement dédié au sport.

Rédaction: Raymond Yves Atchadé

→ Télé Poche

Famille recomposée

Quand je pense qu'il y en a qui jouent au Trivial Pursuit au lieu de réviser leurs cours...

Vive les femmes

Connaisseuse

Inutile de tenter le coup avec mon pauvre scooter.

bebe, photo indisp. Ecr Jal
S/REF 69A-9801.

MOI F. TOI MOTARD (seule obligation), mais s./sportive, 750, 900, 1000, 1100, photo moto indispensable. Ecr Jal S/REF 69A-9812.

Paquet cadeau

Ça va bien ensemble !

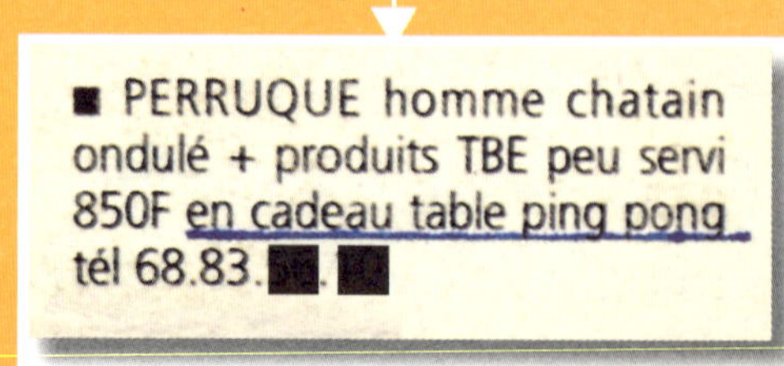

■ PERRUQUE homme chatain ondulé + produits TBE peu servi 850F en cadeau table ping pong tél 68.83.[redacted]

TROC

▲ Echange dentier : le haut, contre : le bas, première bouche, peu servi. Tél. 55.25.[redacted]

→ Presse service 19

Trocs de crocs

Et dire qu'il a payé pour passer cette annonce...

JOBS

• Etudiante 1ère année musique 33 ans garderait garçons de 15 à 18 ans. Forte rémunération souhaitée. Expérience : 10 ans dans l'armée. Tél. : [redacted]

→ Rhône-Alpes

Quelle expérience !

Comme dans un CV : chaque ligne compte.

*** INTERMARCHE ***
LYON VAISE
tel: 04.78.83.60.57

BONJOUR

LIBRA 10 SUPER GOUINE 23.90
PRESSE 6.00

TOTAL 2.00 29.90

ESPECES 100.00
RENDU -70.10

Taux	H.T	TVA.	TTC
0.00	6.00	0.00	6.00
20.60	19.82	4.08	23.90
	25.82	4.08	29.90

M : 1 T : 0002 OP : 00009 # : 02809
Le 03/02/97 A 17:46

Hygiène intime

Sûr que si la grande distribution néglige certaines catégories de clientes, il peut y avoir des pertes.

Cherchez l'erreur

A vous

Solution :

La notice technique fait rêver : "Essuie-glaces efficaces jusqu'à 166 km/h." D'accord. Et à 167 km/h, on fait comment ?

Cherchez l'erreur

OUVERTURE
DU RESTAURANT

Nouveau
dans votre ville

Chez Ginette

Service parfait

PRES DE LA CASERNE DES POMPIERS

15% de remise aux routiers

10 % de remise aux agents S.N.C.F.

REPAS à partir de 40 F

Réservation par téléphone :

73 [redacted] et le 69

CHAMBRES à partir de 90 F.

VENEZ NOMBREUX VENEZ NOMBREUX

Solution page suivante

Prospectus glissé sur les pare-brise.

Ne cherchez plus

Nouveau
dans votre ville

Ginette

fait

DES POMPIERS

aux routiers

aux agents S.N.C.F.

à partir de 40 F

et le 69
à partir de 90 F.

VENEZ NOMBREUX

No comment !

Cherchez l'erreur

A vous de jouer !

Shannen dans sa cuisine, et sur une table de boucher dénichée dans une brocante. Elle a tenu, ce vendredi 16 décembre, jour de notre reportage, à presser des oranges pour toute l'équipe de « Télé 7 Jours ».

SHANNEN DOHERTY

"MON MARIAGE AVEC ASHLEY ÉTAIT UNE SIMPLE ERREUR DE JEUNESSE"

Ne cherchez plus :

Libre à Shannen de s'asseoir sur la table. Mais surtout, elle a tellement "tenu à presser des oranges pour toute l'équipe" qu'elle en a oublié de brancher la prise du presse-agrumes.

Le poids des photos

En Charente-Maritime

Etrange

Il miaule ou il ne mord pas ?

Merci de votre visite

Pas net

Après la classe de neige et la classe verte, voici la classe bleue.

Commune du François, en Martinique

Entrée libre

Proverbe poitevin : on n'a jamais deux fois la chance de faire une première impression.

Méchant

Quelle différence entre un pitbull et un caniche qui se masturbent sur votre jambe?
Le pitbull, vous le laissez finir...

→ Château dans le Maine-et-Loire

Nuit au poste

Reims,
sa cathédrale,
ses hôtels,
sa police...

Le choc des mots

Le bon sens près de chez vous !

Sens de la famille

L'alcoolisme n'est pas contagieux, d'accord. Mais il est héréditaire.

INDRE-ET-LOIRE. — Les policiers du commissariat de Tours ont interpellé un homme en état d'ivresse et n'ont pas voulu le laisser repartir au volant de sa voiture. Pour se dépanner, celui-ci a fait appel à son frère, qui est arrivé au commissariat encore plus ivre que le premier. Puis au beau-frère, qui battait le record d'alcoolémie de la famille avec 1,76 g. En définitive, c'est le fils qui a sauvé l'honneur et s'est présenté à jeun pour ramener la voiture, son papa et ses tontons à la maison.

→ La Nouvelle République du Centre-Ouest

Sens du concret

Ou comment éviter les problèmes...

DROGUE À VEYRIER

A la fin du dernier Municipal de Veyrier, Philibert Perrin interpelle l'Exécutif. Il décrit sur un ton pathétique «le désespoir de jeunes drogués qui fument du haschich, assis sur un banc au centre du village». La réponse d'Andréanne Ronga, maire de Veyrier, ne se fait pas attendre: «Conscients du problème, nous étudions la possibilité de supprimer le banc».

On se demande qui, des jeunes ou des autorités, fument le plus à Veyrier...

A. Sz. □

→ D'un quotidien suisse

Sens pratique

Quand on a l'expérience des enfants, on sait que pour les calmer il faut parfois employer les grands moyens.

GARDE D'ENFANTS

• Problème pour faire garder vos enfants faites appel à moi assistance maternelle agréée simple coup de fusil. Tél. 67.62.44.65 (00SAH0260)

Voyeur !

Il y a des hommes qui aiment voir la marchandise...

Ecrire au Journal, B 64.

• «Jeune Homme très bien sous tous rapports, désire rencontrer, vue mariage, J. Fille POSSEDANT TRACTEUR. Envoyer photo tracteur». Ecrire au Journal, B 00.

• JF 26 ans, divorcée, cherche

```
***** MONOPRIX PLESSIS-ROBINSON *****
***** RCB: NANTERRE B34478328

            BEURRE 250 G          8,95
            BEURRE 250 G          8,95
            BEURRE 250 G          8,95
            BEUR.NOIRMOU          8,25
4X6,95      MH BTE MOUCH         27,80
            SVELTESS X12         21,95
            THE TUO CHA          23,95
            MODERATO DECA        14,90
            MODERATO DECA        14,90
            KRISPI KELOG         13,70
            FITNESS 375G         15,00
            CHOCO 500G            7,25
            AG-COLLIER           20,00
            MAROILLE             13,90
            MAROILLE             13,90
            6 OEUFS PONDUS        8,20
4X3,40      LAIT UHT             13,60
2X3,90      LAIT UHT 1L           7,80
   ****                 TOT     251,95

            CHEQUE   0000000    251,95

NOMBRE D'ARTICLES :              25
11.10.97 18:21 0449202 0103 1
*** ON PENSE A VOUS TOUS LES JOURS ***
***  MONOPRIX : VOTRE CITY MARCHE  ***
```

Déjà fait

Au cas où les concurrents vendraient des œufs pas encore pondus...

2286848

Prière à la personne qui a trouvé **UNE JUPE GRISE PRINCE DE GALLES** dans la cabine téléphonique de la place Victor-Hugo, vers 11 h, de téléphoner au **05.45.68.[redacted].** (Communiqué)

→ La Charente Libre

Cabine d'essayage

Dommage qu'elle n'ait pas appelé pour qu'on vienne l'admirer !

■ **CONTRESENS-** Une octogénaire a été arrêtée, hier matin, à la hauteur de Belfort, après avoir roulé durant cinq kilomètres à contresens sur l'autoroute. La vieille dame, âgée de 82 ans, a expliqué aux gendarmes qu'elle « se doutait de leur présence, car tous les automobilistes » qu'elle « venait de croiser lui faisaient des appels de phare ». Le permis de conduire de l'octogénaire a

→ La Dépêche

Double sens

D'accord, la conductrice n'est plus toute jeune, mais elle a conservé un sacré sens de la déduction.

Non au trafic

Vu que la rue est en sens interdit, à quoi sert cet avertissement ?

Défense d'interdire !

Non au verre

Les dépôts de verre sont conçus pour ne pas souiller l'environnement.

Non au galop

Notez : Victor Hugo ne passe jamais avenue Victor-Hugo...

Non aux poissons

A moins qu'il y ait des toilettes pas loin...

Non aux VTT

Ils ont dû confondre la laisse et l'antivol.

Cherchez l'erreur

A vous

Un coiffeur visagiste pour un look inédit

de jouer !

Ne cherchez plus :

Observez les deux personnages enlacés. Et comptez les mains et les bras... Message reçu cinq sur cinq.

Le choc des mots

Origines contrôlées

Avez-vous déjà goûté la choucroute, cette spécialité berbère ?

Sur le divan

C'est fou de nos jours le nombre d'appellations professionnelles qui commencent par "psy"...

Bon appétit !

Quelle affaire !

Comme au bistrot : un demi pour le prix d'un.

Prospectus à emporter

On appréciera le rabais de 10% sur les plats à emporter (offre soumise cependant à conditions).

Morbak

C'est en général ici qu'on les repère.

Ils ne pensent qu'à ça

Déformée

Les connaisseurs apprécieront le pluriel.

Couilles en or

Faut le dire vite.

Sportif...

...et surtout extrêmement cérébral.

Elle saute

Y a vraiment toutes les sortes de puces dans cette municipalité.

Le poids des photos

Ça va la santé ?

→ Photo prise en Haute-Savoie

Moitié prix

C'est là qu'il faut bien préciser : une paire de lunettes.

Ça va, ouïe ?

Sans vouloir être rabat-joie, ce sont surtout les malvoyants qui aimeraient ces cassettes...

À SOISSONS

Une bibliothèque sonore

Les anciens de Soissons ont eu la belle idée d'enregistrer des livres sur cassettes distribuées aux lecteurs malentendants.

QUELQUES dames de l'Équipe Saint-Vincent mettaient en pratique en 1978 à Soissons une idée limpide : enregistrer des livres sur cassettes et les distribuer aux malvoyants regrettant de ne plus pouvoir lire. Les

→ L'Aisne, le mensuel du conseil général

Trentième concours de rillettes, samedi, à Mamers (Photo « ML » L. Combet)

→ Le Maine Libre

Vert de peur

Allez, un petit coup de rouge pour faire passer ça !

Subtilité

Pas toujours facile à comprendre, les psys.

Prune sans prunes

Les bons cafetiers savent mettre en valeur leur terrasse. Et leur parking...

→ Devant un bar en Haute-Saône

95C

Deux publicités qui font vraiment la paire.

Côte à côte

Ils auront cette tête-là ?

Pas facile d'accepter cette présentation du code de la nationalité.

Postiche Posthume

La mère du meurtrier aurait mieux fait de lire la pub de droite.

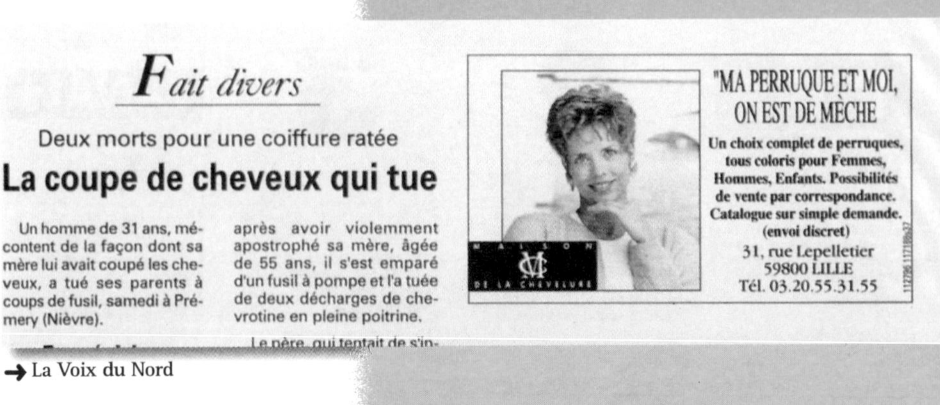

Fait divers

Deux morts pour une coiffure ratée

La coupe de cheveux qui tue

Un homme de 31 ans, mécontent de la façon dont sa mère lui avait coupé les cheveux, a tué ses parents à coups de fusil, samedi à Prémery (Nièvre).

après avoir violemment apostrophé sa mère, âgée de 55 ans, il s'est emparé d'un fusil à pompe et l'a tuée de deux décharges de chevrotine en pleine poitrine.

Le père, qui tentait de s'in-

→ La Voix du Nord

MERCREDI 26 NOVEMBRE 1997 Nº 16555

4,80F

le Parisien Ed

CODE DE LA NATIONALITE

Ceux qui vont devenir français

Dans une interview à notre journal, Elisabeth Guigou, ministre de la Justice, s'explique sur la réforme du Code de la nationalité qu'elle défend à partir d'aujourd'hui devant l'Assemblée. Voici comment et à quel âge un enfant né en France de parents étrangers pourra, demain, devenir français. PAGES 2 ET 3

TUEUR EN SERIE

Voici le portrait-robot

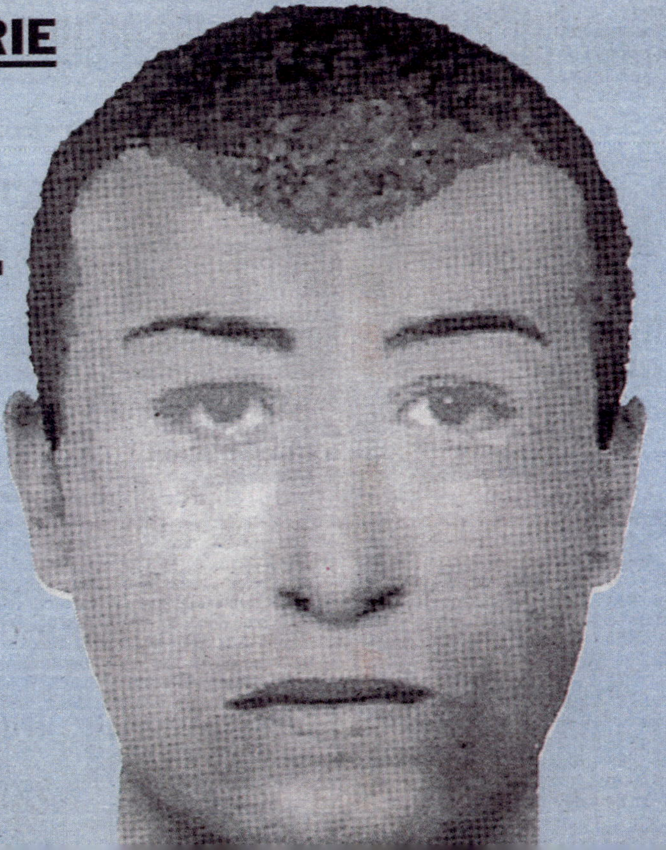

La police a rendu public, hier soir, le portrait-robot du tueur en série de l'est parisien. Les enquêteurs détiennent désormais les preuves scientifiques que l'homme est responsable de trois meurtres et d'une tentative de meurtre sur des jeunes

Cherchez l'erreur

A vous

J'avais 15 jours pour perdre 8 kilos, aujourd'hui… c'est gagné !

Question : Martine, comment avez-vous découvert Lipocaptol ?

Martine : je travaillais depuis 5 ans comme commerciale dans une société d'affichage et j'étais toute la journée au téléphone avec les clients et je réussissais très bien.

Et puis en septembre dernier, mon patron m'a annoncé que désormais j'étais chargée de visiter les clients chez eux.

J'allais devoir me montrer, pour moi c'était l'angoisse ! En 5 ans de bureau, j'avais accumulé des kilos, je trouvais mes fesses et mes cuisses énormes et je portais toujours des vêtements larges et sans forme pour justement cacher les miennes.

Soudain, il me fallait une solution d'urgence soit je perdais 10 kilos, soit je renonçais à cette promotion.

Question : Alors vous avez fait un régime très strict ?

Martine : pas du tout, j'avais trop besoin d'énergie pour me priver. Et puis, je ne crois plus aux régimes qui apportent surtout du stress.

J'avais entendu parler d'un produit vraiment nouveau qui éliminait les graisses et les sucres de l'alimentation et je me suis dit qu'est-ce que je risque puisque j'ai droit à un essai gratuit.

Question : Et ça a marché ?

Martine : lorsque j'ai commencé, je n'y croyais pas vraiment puisque sur la notice il était marqué que je pouvais manger normalement.

Mais, dès le 3ème jour, lorsque j'ai remarqué que mon ventre commençait à dégonfler, j'ai presque sauté de joie.

Pendant toute la 1ère semaine, j'avais hâte de rentrer à la maison pour me regarder dans le miroir et surtout pour me peser : car chaque jour je perdais du poids.

Près de 5 kilos en 8 jours et comme je ne suis pas très grande, on avait l'impression que j'avais fondu littéralement.

Mes hanches, ma taille, mes cuisses s'affinaient à vue d'œil. A la date fatidique de mon premier rendez-vous, j'avais perdu exactement 8 kilos, j'étais rayonnante dans un petit tailleur que je n'avais pas osé remettre depuis 5 ans !

Depuis, je remercie tous les jours Lipocaptol pour ma nouvelle silhouette, et si vous interrogiez mon mari, je suis sûre qu'il finirait par vous avouer que lui aussi vient de commander une cure aux Laboratoires Linéal.

Martine

Ne cherchez plus :

Non seulement elle a perdu 8 kilos, mais en plus, elle en a profité pour prendre un mec plus jeune…

de jouer !

Cherchez l'erreur

En pratique

La puberté

L'activité génitale d'un être humain commence à la puberté vers 10-12 ans. Des modifications s'opèrent à cette période dans le corps de l'adolescent.

Chez le garçon	Chez la fille
– les épaules s'élargissent – la voix devient plus grave – la poitrine se dessine – les règles apparaissent	– la taille s'affine – le bassin s'élargit
– le système pileux se développe au niveau des aisselles et du pubis – les organes génitaux atteignent leur maturité.	

Le rôle de l'hypophyse

L'hypophyse est une petite glande située à la base du cerveau.
Elle sécrète des hormones stimulines, qui règlent la production des hormones sexuelles et des cellules reproductrices.

Les cellules reproductrices

Les spermatozoïdes	Les ovules

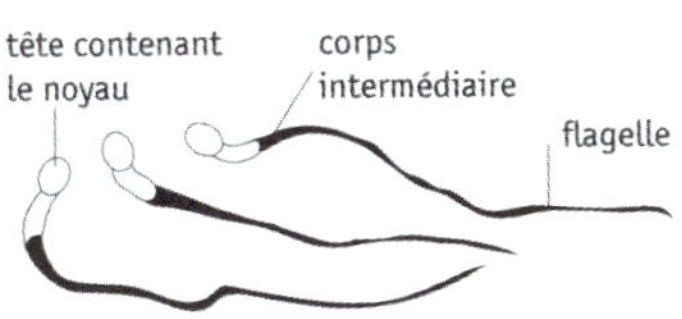

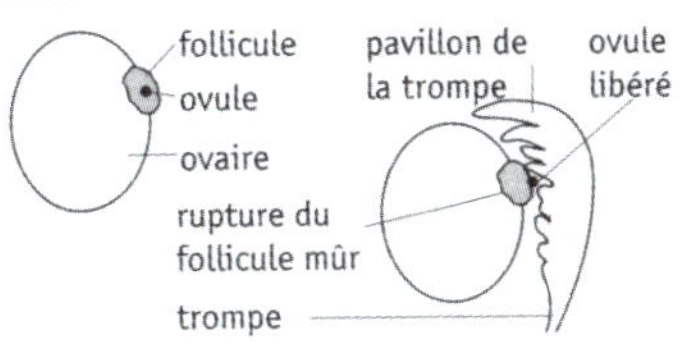

- À partir de la puberté, les spermatozoïdes sont fabriqués en grand nombre par les testicules.
- Ce sont de petites cellules de l'ordre de 5/100e de mm, très mobiles grâce à un flagelle.
- Les spermatozoïdes sont stockés dans les vésicules séminales, puis se mélangent au liquide prostatique avec lequel ils forment le sperme.
- Dans 3 à 4 ml de sperme émis lors d'une éjaculation, il y a environ 300 à 400 millions de spermatozoïdes.

- Au niveau de l'ovaire, un ovule se développe chaque mois dans un follicule.
- Au milieu du cycle, l'ovule est expulsé ; c'est l'ovulation.
- L'ovule est une cellule ronde de 0,10 à 0,15 mm de diamètre environ.

Gynécologique

On en apprend de belles dans ce manuel destiné à l'enseignement professionnel.

➔ Solution page suivante

En pratique

La puberté

L'activité génitale d'un être humain commence à la puberté vers 10-
Des modifications s'opèrent à cette période dans le corps de l'adolesc

Chez le garçon	Chez la fille
– les épaules s'élargissent – la voix devient plus grave – la poitrine se dessine – les règles apparaissent	– la taille s'affine – le bassin s'élargit
– le système pileux se développe au niveau des aisselles et du pubis – les organes génitaux atteignent leur maturité.	

Le rôle de l'hypophyse

L'hypophyse est une petite glande située à la base du cerveau.
Elle sécrète des hormones stimulines, qui règlent la production des
sexuelles et des cellules reproductrices.

Solution :

La solution ? Une opération peut-être...

A vous de jouer !

Ne cherchez plus :

Bien beau de prendre son billet 30 jours avant. Le problème, c'est que la météo prévoit le temps avec au mieux 5 jours d'avance...

Le choc des mots

Échange standard

Suite à un article de la Tribune de Genève, *un lecteur inquiet écrit au journal.*

La coupure de 200 francs remplace celle de 500

La Banque Nationale Suisse lance en première helvétique un nouveau billet, doté d'un élément de sécurité exclusif.

Billets de 500 et de 200 francs: où est l'erreur?

Pierre A. Vaillat, Territet

A propos d'une information parue dans la «Tribune» du 17 septembre.

Cette information me tourmente énormément; j'ai en ma possession 4 billets de 500 francs que je ne veux pas changer contre 4 billets de 200 francs, de meilleur aspect, ainsi que votre article l'indique en communiquant:

« Un nouveau billet de 200 fr. remplacera celui de 500 fr. »

Je n'ai ni l'envie, ni les moyens de perdre ainsi 1200 francs. Où puis-je changer mes 4 billets à leur juste valeur?

Drogué à l'info

On le croit

Comme dirait l'autre : plus c'est gros, plus ça passe...

● Sombre affaire

Un Nigérian de 26 ans a été interpellé dans son appartement. La police y a découvert 20 boulettes de cocaïne et trois grammes dans un sachet en plastique dissimulé dans son rectum. Le Nigérian ne s'explique pas la présence mystérieuse de ces trois grammes de cocaïne. Il a déclaré aux pandores qu'il avait participé la veille à une partouze et qu'il avait probablement dû s'asseoir sur un sachet qui passait par là.

➜ Tribune de Genève

Rectificatif

Rectificatif de La Voix du Nord *qui ne se doutait pas qu'elle était lue si assidûment.*

Haschisch : le juste prix

Les usagers et revendeurs de haschisch ont beaucoup ri, hier matin en lisant le prix que nous donnions de la barette : 20 F. Il n'en est rien. La barette d'un poids compris entre 1 et 2 grammes (en moyenne 1,5 gramme) coûte 100 F minimum. Si la drogue est vendue par dix ou douze grammes, le prix peut baisser pour atteindre environ 400 F pour 12 grammes de Hasch. Une barette permet de rouler de deux à trois joints. Il est donc inutile de continuer à nous appeler pour se procurer du cannabis au quart du prix.

➜ Ouest-France

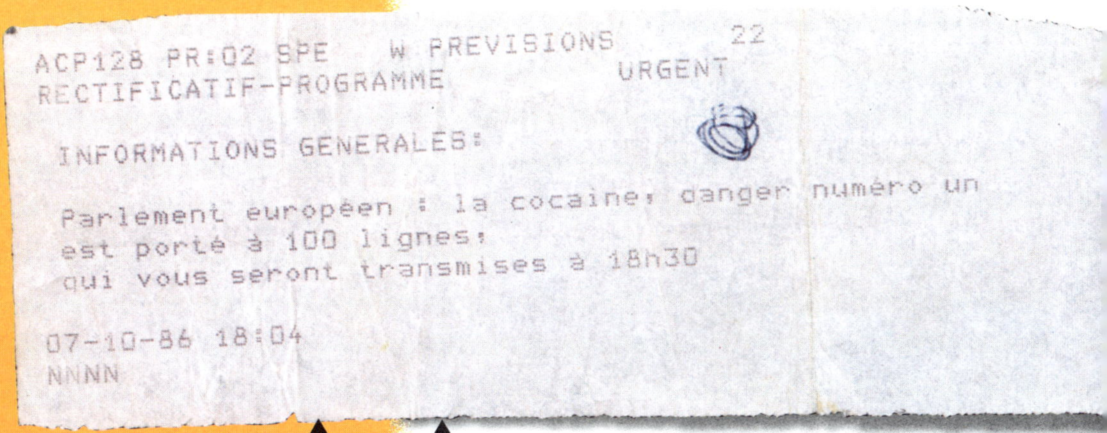

ACP128 PR:02 SPE W PREVISIONS 22
RECTIFICATIF-PROGRAMME URGENT

INFORMATIONS GENERALES:

Parlement européen : la cocaine, danger numéro un
est porté à 100 lignes,
qui vous seront transmises à 18h30

07-10-86 18:04
NNNN

Transmission attendue

Un document : en 1986, cette dépêche urgente sur les téléscripteurs a fait s'impatienter quelques journalistes très accros (à l'info).

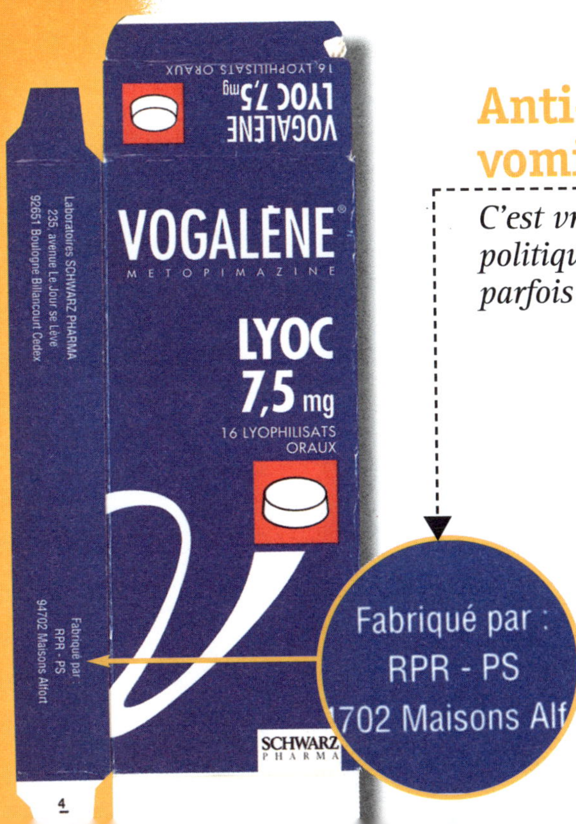

Anti-vomissement

C'est vrai que la politique donne parfois la nausée.

Le poids des photos

Grande échelle

Ils ont de la chance les pompiers : leur camion a le droit d'être plus haut que les autres.

Jeux dangereux

Faut avouer que les morts rigolent peu...

➔ Dans la Somme

Routes de France !

Utile précision

Et à tous les coups, la vitesse est limitée à 30 km à l'heure.

➔ Dans le Finistère

Itinéraire

Il s'en passe de belles dans nos campagnes.

Cessation d'activité

Il y a des gens pour qui le travail est toute leur vie.

NÉRAC

Bonne retraite M. Montlibert

Très sympathique manifesta-
tion d'amitié à l'hôtel des Postes
de Nérac.
L'ensemble du personnel adres-
sait en effet ses vœux de bonne re-
traite à M. Roger Montlibert, ar-
rivé à Nérac en 1979, et qui après
quarante-cinq ans de carrière
dans les P.T.T. — exemple rare
car il était entré très jeune — se
retire maintenant.
M. et Mme Montlibert qui ont ga-
gné l'estime et l'amitié unanime
de la population resteront néra-
cais, route d'Agen.
Le personnel leur a témoigné
une sincère amitié et le receveur
nouveau retraité depuis le 27 dé-
cembre a reçu en cadeau un beau
coffret de bricolage.
Il est remplacé en qualité de re-
ceveuse par Mme Simone Rosello,
précédemment inspecteur cen-
tral, néracaise elle-même très es-
timée, à qui nous adressons nos
meilleurs souhaits dans sa nou-
velle fonction.

M. Roger Montlibert entouré par Mme Montlibert, Mme Rosello et le personnel des P.T.T. (Photo Guilhamassé, « Sud-Ouest »)

→ Sud-Ouest

Humour très noir

Quelle buse !

Il ne faut jamais laisser n'importe qui s'occuper des jets d'eau massants.

Salon de l'habitat

Et une salle de bain dans la véranda ?

Ici, une buse qui envoie un jet d'eau massant
– Photo « La Dépêche », Michel Labonne

→ La Dépêche du Midi

Vroum ! Amen !

Faut pas emmerder le curé quand il sort sa bécane.

JEUXEY

Quatre rois pour quatre reines...

Joyeux goûter au club "Lo Couarôye" où plusieurs galettes trônaient sur les tables. Tous les membres étaient là, décidés à profiter pleinement de leur après-midi. Le sort désigna quatre rois, Roger, René le Bon, Emile et André et quatre ruines, Jeannette, Statiana (un vrai prénom de tsarine), Mado et Marcelle, tous fiers et heureux de leur pouvoir d'un jour.

→ La Liberté de l'Est

Quelles ruines !

Nos lecteurs n'auront certainement pas rectifié d'eux-mêmes...

→ Dans une ville de Seine-Maritime

Bien tourné

Comme son nom l'indique : une rue en ligne droite.

Le choc des mots

Déconnecté

Et il y a des gens qui écrivent pour avoir l'adresse.

Pointphone Minitel

Un téléphone à pièces et un Minitel pour téléphoner et consulter tous les services Minitel, hors de chez vous.

Tarif libre.

Pour connaître les emplacements des Minitel en libre service dans une localité ou un département, consultez le 3611 et tapez Minitel sur la ligne «Nom».

Pointphone

Un téléphone à pièces qui

→ Les pages info de France Télécom

Ils nous font aimer l'an 2000

3615 blaireau

Ça coûte cher, la gratuité.

Gratuit

Ce Lédonien un peu naïf se fait poser une seconde prise téléphone gratuitement par France-Télécom, il y a quelques temps. Dans la foulée, le voilà qui récupère un minitel. Et de tapoter allègrement sur le petit clavier jusqu'à plus soif. Et jusqu'à une facture de téléphone de plusieurs milliers de francs. «*Je ne comprends pas, j'avais pourtant branché mon minitel sur la prise gratuite*», s'est-il étonné auprès d'un ami...

Joli lot

Les bouchers professionnels préfèrent le crochet.

soir.

CHERCHE MACHINE A TRICOTER Passap plus hachoir à viande pour boucher débutant Tél. 03.80.74.[redacted].

→ Hebdo Dijon

Communication

C'est bien beau de concurrencer France Télécom. C'est encore plus désintéressé de leur écrire pour les avertir.

le 7

S 5299225
A L ATTENTION DE LA DIRECTION
R A PTT FRANCE TELECOM
Le Californien
2 Avenue du Huit Mai 1945
78280 GUYANCOURT

Madame, Monsieur,

Depuis janvier 1998, le marché des télécommunications fixes est ouvert à la concurrence.

Vous allez donc pouvoir téléphoner moins cher* dans le cadre de vos activités professionnelles, en choisissant le " 7 de Cegetel ".

Avec l'Offre Professionnelle le " 7 de Cegetel ", vous allez aborder une nouvelle façon de téléphoner : un tarif de base plus avantageux*, pas d'abonnement, des réductions complémentaires proportionnelles à vos appels, la possibilité de cumuler plusieurs lignes sur un seul et même contrat, un Service Clients gratuit réservé aux professionnels, un programme de fidélité spécifique...

Aujourd'hui, vous pouvez bénéficier de conditions privilégiées pour découvrir et souscrire à l'Offre Professionnelle le " 7 de Cegetel " en toute liberté. Il vous suffit pour cela d'appeler gratuitement le : **0 800 77 78 79**, de 8 h à 22 h, 7 jours sur 7 en précisant votre code : **M177**.
Une équipe de Conseillers se tient à votre disposition pour répondre à toutes vos questions.

Nous espérons que cette offre retiendra toute votre attention.

Bien cordialement,

→ Courrier commercial de Cégétel

Une Croate mord un pitbull pour sauver son caniche

Au péril de sa vie, une Croate de Zagreb a sauvé son caniche des crocs d'un féroce pitbull en mordant l'agresseur de toutes ses forces. Le père de Dagmar Vidovic était sorti promener le frêle et inoffensif Zeni lors qu'elle l'entendit hurler. « J'ai regardé par la fenêtre et j'ai vu une scène horrible - le pitbull brandissant Zeni dans ses machoires et mon père étendu sur le sol ». La mère de Dagmar avait bien tenté d'enfoncer ses doigts dans les yeux de l'animal, sans parvenir à lui faire lâcher prise. Dagmar sauta par la fenêtre et se brisa les chevilles, mais rampa courageusement vers le molosse et lui enfonça son bras dans la gueule pour lui arracher le pauvre Zeni. N'y arrivant pas, elle mordit le chien de toutes ses forces et lui fit enfin lâcher prise.

Dent dure

Pour bien comprendre : Zeni c'est le caniche, Dagmar c'est la propriétaire.

Nos animaux les bêtes

Daltonien

Pour une fois, c'est écrit noir sur blanc.

MOUIRANGE
PERDU
BÉBÉ CHIEN
BLEU
de couleur rouge
RÉCOMPENSE
Tél. : 43.[redacted]

14/06-101473H°

Trouvé

Un chien beagle a été trouvé sur la commune de Périgné il y a plusieurs jours. Son maître est à réclamer d'urgence à la mairie (tél. 49.07.[redacted].

Soyez pas chien

Avec le temps, les maîtres se confondent avec leur animal.

→ La Nouvelle République du Centre-Ouest

Sus au sanglier

(Photo J.-R. Fillancq)

Mayder, Nicole et Bernadette, les trois secrétaires employées à la mairie, ont vécu la frayeur de leur vie en se heurtant à la présence d'un sanglier installé sur le perron de l'hôtel de ville et qui leur barrait l'entrée. Terrorisées, elles ont ameuté tout le quartier, un appel fut lancé auprès des chasseurs. Quelques grains de maïs lancés furent sans effet. L'animal déjouait toute stratégie quand l'une d'elles, ayant retrouvé tous ses esprits, s'écria « Mais il est empaillé ! » Dans la nuit, un petit plaisantin était passé par là...

➜ Sud-Ouest

Panix

Quand les bêtes sauvages débarquent en ville, elles occasionnent une peur sauvage.

Le cri de la chouette

Dogs Today nous rapporte l'histoire de ce britannique ami des oiseaux qui a connu le bonheur de la manière suivante : pendant des nuits entières, il a imité le cri de la chouette dans son jardin. Une nuit, la réponse est venue. Durant presque un an, il a conversé avec cette chouette. Jusqu'à ce que sa femme et sa voisine discutent ensemble des hobbies de leurs maris respectifs : imiter le cri de la chouette la nuit. Pendant un an, notre ornithologue avait conversé avec... son voisin.

Dialogue

Il n'y a pas que les chiens et les chats qui répondent à la voix humaine.

Homme

■ VIEUX mâle, cél, fonctionnaire, sale caract, léger handicap aux jambes, 43 a, ch F, idem critères. Ecr au Jal le 62 Lens 51,Bd. Basly 62300 Lens S/REF 62L-0488.

→ Le 62

Jambe légère ?

En matière de couple, il y en a qui savent ce qu'ils veulent.

Service

Manquerait plus qu'il fasse payer la demoiselle !

■ **MASSEUR RETRAITE** 68 ans, fait remise en forme sur JF bénevolement tél 78.37.[redacted] le soir.

→ RSO, Villeurbanne

...et pour le pire !

Clin d'œil sur le mariage

Fourreau, drapé ou princesse, en mousseline, satin ou shantung, le choix d'un robe de mariée est vaste.

→ Ouest-France

Robes légères

Sympathique conception de la robe de mariée, extrêmement ajourée !

Céline et Stéphane

La cour de l'Hôtel Montescot a revêtu, samedi, un cachet particulier à l'occasion du mariage de Céline Legrand et Stéphane Lenain.

→ L'Echo Républicain

Carnet blanc

Ils étaient faits pour se rencontrer.

C442244

Mons. NAST Paul
demeurant
RASSUEN
Par Istres 13800
ne répond pas des dettes que pourrait contracter son épouse:
Mme NAST Michèle née HERNAND
qui n'habite plus avec lui

Quelques jours plus tard, nouvelle annonce :

C442860

Mme NAST Michèle née Hernand
Demeurant
à Fos-sur-Mer
précise que contrairement à son mari, elle n'a pas quitté le domicile conjugal et qu'elle n'a aucune dette.

→ Le Provençal

AMEUBLEMENT

PART VDS CAUS DIVORCE lit lattoflex = sommier + matelas + draps très confort peu servi 2 places indép. 3 posit.+ nbrx règl neuf 22 000 vendu 13 000 à nég. Tél. 40.93.[redacted] rép.
(64008020300)

VD ve Té VD LX Té VD 2 ba

→ Inter service, éditions de Nantes

Peu servi

C'est sûr qu'à force de dormir dans la baignoire...

Le poids des photos

Signalisation à risque

Avant de les suivre, mieux vaut s'en éloigner...

→ Photo prise dans les Landes

Ça donne envie d'y aller

Pour parfaire la beauté de vos cheveux
M. de Santo Joseph
aura le plaisir de vous recevoir dans
le plus original salon de coiffure de Sion
Son nom:
«Jamais Le Lundi»
Tél. (027) 23 16 70.
Nouvelliste

Si loin, si proche

Et si Toulouse était comme le Bonheur ? C'est quand on croit l'atteindre qu'on s'en éloigne...

→ Photo prise à Toulouse (enfin pas très loin)

Open Bar

C'est peu dire qu'elle est ouverte, Ginette. Et qu'elle sait compter.

Logique

Je rappelle aux visiteurs qu'Honfleur est un port. Par conséquent, plus bas encore, c'était sous l'eau...

Bon appétit !

Et dans l'assiette : des saucisses !

La kermesse aux moules

→ Dégusté dans Nord Eclair

En voiture

1/2 cheval

Un concessionnaire qui sait soigner sa clientèle.

→ Sur une casse auto des Côtes-d'Armor

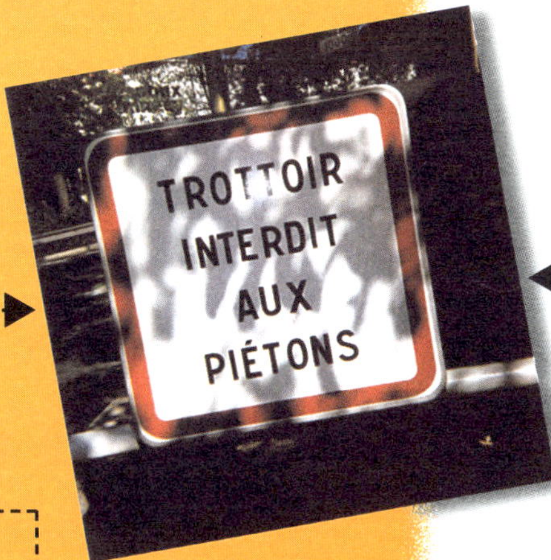

Marche interdite

"Trottoir : partie latérale d'une rue, surélevée par rapport à la chaussée, réservée à la circulation des piétons."
(Dictionnaire Larousse)

Sans issue

En général, on prévoit rarement le passé...

Ça rigole pas chez Nini !

Cherchez l'erreur

A vous

Le contingent de la base aérienne présenté au drapeau

Le contingent d'octobre de la B.A. 115 a été présenté au drapeau, l'occasion pour les meilleurs éléments de recevoir les insignes de la base aérienne

Le colonel Derieux, commandant de la base, passe les troupes en revue (Photo M.P.)

L'espace d'une matinée, la population de Camaret a pu bénéficier de la quiétude de son espace aérien. Les aviateurs de la base aérienne avaient délaissé le ciel de la campagne camarétoise, pour le cours du Midi où s'est déroulée la présentation au drapeau du contingent 98/10.

Les jeunes aviateurs et sapeurs issus du centre d'instruction militaire de la B.A. 115 ont défilé devant leur famille sous les ordres du capitaine Beurivé. Après la revue des troupes, le colonel Derieux commandant de la base, a remis les insignes de la B.A. 115 aux aviateurs et sapeurs ayant obtenu les meilleurs résultats durant leur phase de formation militaire.

Décorations

Les aviateurs Gara et Allouard et le sapeur Caillard ont été décorés. Le caporal Lopes et les aviateurs de première classe Astruit et Navarron ont également reçu la médaille de bronze de la défense nationale. De nombreux Camarétois avaient décidé de "boycotter" cette cérémonie car depuis l'arrivée au mois de juillet dernier d'une école de pilotes de mirage 2000, les nuisances sonores sont devenues inacceptables. Les mouvements d'avions au-dessus de la base auraient augmenté de 30 à 35 % le jour et de 40 % la nuit.

Pour un décollage, chaque avion effectue en moyenne trois atterrissages et à chaque fois, il survole les habitations et écoles de la commune. Jeudi matin, l'espace de quelques heures, la population camarétoise a retrouvé un peu de calme mais dès 18 h 40, les vols de nuit repartaient...

Ne cherchez plus :

Un décollage pour trois atterrissages : l'armée de l'air réinvente l'aviation.

de jouer !

Cherchez l'erreur

286

Autres verbes (verbes du					
	Indicatif				
	présent	**imparfait**	**futur**	**passé simple**	**passé composé**
dire	je dis tu dis il/elle dit nous disons vous disez ils/elles disent	je disais tu disais il/elle disait nous disions vous disiez ils/elles disaient	je dirai tu diras il/elle dira nous dirons vous direz ils/elles diront	je dis tu dis il/elle dit nous dîmes vous dîtes ils/elles dirent	j' ai dit tu as dit il/elle a dit nous avons dit vous avez dit ils/elles ont dit
éteindre	j' éteins tu éteins il/elle éteint nous éteignons vous éteignez ils/elles éteignent	j' éteignais tu éteignais il/elle éteignait nous éteignions vous éteigniez ils/elles éteignaient	j' éteindrai tu éteindras il/elle éteindra nous éteindrons vous éteindrez ils/elles éteindront	j' éteignis tu éteignis il/elle éteignit nous éteignîmes vous éteignîtes ils/elles éteignirent	j' ai éteint tu as éteint il/elle a éteint nous avons éteint vous avez éteint ils/elles ont éteint
faire	je fais tu fais il/elle fait nous faisons vous faites ils/elles font	je faisais tu faisais il/elle faisait nous faisions vous faisiez ils/elles faisaient	je ferai tu feras il/elle fera nous ferons vous ferez ils/elles feront	je fis tu fis il/elle fit nous fîmes vous fîtes ils/elles firent	j' ai fait tu as fait il/elle a fait nous avons fait vous avez fait ils/elles ont fait
pouvoir	je peux tu peux il/elle peut nous pouvons vous pouvez ils/elles peuvent	je pouvais tu pouvais il/elle pouvait nous pouvions vous pouviez ils/elles pouvaient	je pourrai tu pourras il/elle pourra nous pourrons vous pourrez ils/elles pourront	je pus tu pus il/elle put nous pûmes vous pûtes ils/elles purent	j' ai pu tu as pu il/elle a pu nous avons pu vous avez pu ils/elles ont pu
prendre	je prends tu prends il/elle prend nous prenons vous prenez ils/elles prennent	je prenais tu prenais il/elle prenait nous prenions vous preniez ils/elles prenaient	je prendrai tu prendras il/elle prendra nous prendrons vous prendrez ils/elles prendront	je pris tu pris il/elle prit nous prîmes vous prîtes ils/elles prirent	j' ai pris tu as pris il/elle a pris nous avons pris vous avez pris ils/elles ont pris
savoir	je sais tu sais il/elle sait nous savons vous savez ils/elles savent	je savais tu savais il/elle savait nous savions vous saviez ils/elles savaient	je saurai tu sauras il/elle saura nous saurons vous saurez ils/elles sauront	je sus tu sus il/elle sut nous sûmes vous sûtes ils/elles surent	j' ai su tu as su il/elle a su nous avons su vous avez su ils/elles ont su
vivre	je vis tu vis il/elle vit nous vivons vous vivez ils/elles vivent	je vivais tu vivais il/elle vivait nous vivions vous viviez ils/elles vivaient	je vivrai tu vivras il/elle vivra nous vivrons vous vivrez ils/elles vivront	je vécus tu vécus il/elle vécut nous vécûmes vous vécûtes ils/elles vécurent	j' ai vécu tu as vécu il/elle a vécu nous avons vécu vous avez vécu ils/elles ont vécu
voir	je vois tu vois il/elle voit nous voyons vous voyez voient	je voyais tu voyais il/elle voyait nous voyions vous voyiez ils/elles voyaient	je verrai tu verras il/elle verra nous verrons vous verrez ils/elles verront	je vis tu vis il/elle vit nous vîmes vous vîtes ils/elles virent	j' ai vu tu as vu il/elle a vu nous avons vu vous avez vu ils/elles ont vu

Conjugaisons pour Cours Moyens

→ Solution page suivante

Ne cherchez plus

	présent		imparfait	
dire	je	dis	je	disais
	tu	dis	tu	disais
	il/elle	dit	il/elle	disait
	nous	disons	nous	disions
	vous	disez	vous	disiez
	ils/elles	disent	ils/elles	disaient
éteindre	j'	éteins	j'	éteignais
	tu	éteins	tu	éteignais
	il/elle	éteint	il/elle	éteignait
	nous	éteignons	nous	éteignions
	vous	éteignez	vous	éteigniez
	ils/elles	éteignent	ils/elles	éteignaient
	je	fais	je	faisais

Solution :

Dire, au présent, à la 2e personne du pluriel : comment vous disez ?

Cherchez l'erreur

GUIDE

■ SOLIDARITÉ

Des solutions pour les sans-abri

Avec l' hiver qui arrive, la vie des sans-abri devient plus difficile... Cette liste recense la plupart des solutions, nombreuses et variées, qui existent à Rennes, tout au long de l'année.

SE RENSEIGNER

Etre écouté, exprimer sa demande, se renseigner sur ses droits, la santé, l'hébergement, trouver des solutions...

• Pour les personnes seules et couples sans enfant
Coordination pour l'accueil et l'orientation (CAO)
5, rue du Bois Rondel - Rennes - 99.63.52.75

• Pour les personnes avec enfants à charge
Coordination pour l'accueil et l'orientation (CAO)
3, rue de la Carrière - Rennes - 99.54.44.88.

SE LOGER

• Pour les hommes seuls majeurs
Foyer St Benoît Labre
5, rue du Bois Rondel - Rennes - 99.36.25.91.

• Pour les jeunes femmes seules (18 à 30 ans)
L'Oasis
12, rue de Paris - Rennes - 99.38.80.80.

• Pour les femmes seules (18 à 50 ans)
Foyer Marie-Joseph
28, rue des Tanneurs - Rennes - 99.38.07.25.

• Pour les personnes (homme ou femme) avec enfant(s)
Résidence Brocéliande
146 A, route de Lorient - Rennes - 99.59.60.01.

MANGER

• Le Fourneau (cantine Leperdit)
5, rue Clémence Royer - Rennes - 99.67.37.30.
Tous les jours, sauf dimanche et jours fériés, de 8 h 45 à 13 h (12 h le samedi).
Possibilité de petit déjeuner et d'un repas de midi chaud, à consommer sur place ou à emporter. Distribution d'un panier-repas le vendredi de 11 h à 13 h en prévision du dimanche. Inscriptions sur place.

• Restaurant du coeur
99, rue de l'Alma - Rennes - 99.32.34.75.
A partir du 12 décembre, distribution de

M. Ogier

colis alimentaires à emporter, du lundi au vendredi de 9 h à 11 h 30. Inscriptions sur place.

S' HABILLER

• Croix-rouge française
14, rue Dupont des loges - Rennes - 99.30.46.77.
Vestiaire le mercredi de 14 h à 17 h.

• Emmaüs
49, rue des Ormeaux - Rennes - 99.45.45.36.
Vente de vêtements à bas prix, les mercredi et samedi de 9 h à 12 h et de 13 h 30 à 17 h 30.

• Restaurant du coeur
99, rue de l'Alma - Rennes - 99.32.34.75
A partir du 12 décembre, vestiaire les lundi, mardi, jeudi, vendredi, de 9 h à 12 h.

• Secours catholique
10, rue Louis Guilloux - Rennes - 99.54.11.01.
Vestiaire spécial pour les SDF le jeudi de 14h à 17h.

• Secours populaire français
97, rue de l'Alma- Rennes - 99.53.31.41.
Vestiaire les lundi, mardi, mercredi, jeudi de 14h30 à17h.

SERVICES

• Aide médicale gratuite
1, rue du Griffon - Rennes - 99.67.85.85
Pour bénéficier de la gratuité des soins, retirer un bon au Centre communal d'action sociale.

• Revenu minimum d'insertion
1, rue du Griffon-Rennes - 99.67.85.85
Les demandes sont à faire auprès du Centre communal d' action sociale.

• Toilette
– Douches gratuites
Restos du Coeur, (le matin)
99, rue de l'Alma - Rennes - 99.32.34.75.
Secours catholique (le jeudi)
10, rue Louis Guilloux - Rennes 99.54.11.01.
– Bains - douches municipaux (payant)
Piscine St Georges rue Gambetta - Rennes - 99.28.56.83
Les mardi, jeudi, vendredi 9 h / 20 h, le mercredi 9 h / 12 h et 15 h / 20 h, le samedi 9 h / 12 h et 14 h / 19 h, le dimanche 9 h / 12 h (entrée rue Victor Hugo).

• Carte de bus
Gratuité sur le réseau de bus sur présentation d'une attestation de domiciliation sur Rennes ou le district.
Centre communal d'action sociale
1, rue du Griffon - Rennes - 99.67.85.85.

• Lavage du linge
Possibilité de laver son linge en machine.
Restaurant du coeur
99, rue de l'Alma - Rennes - 99.32.34.75

• Coiffure
Pour les hommes et les femmes, les 1er et 3e jeudi de chaque mois de 14 h à 17 h.
Secours catholique
10, rue Louis Guilloux - Rennes - 99.54.11.01.

• Courrier
Il est possible de se faire adresser du courrier au :
Fourneau (cantine Leperdit)
5, rue Clémence Royer - 35000 Rennes.

38 - LE RENNAIS - DÉCEMBRE 1994

Ne cherchez plus :

Le bus est gratuit pour les sans-abri sur présentation d'une attestation de domiciliation... Les SDF apprécieront.

La civilisation avance

Cueilli dans le journal

Sympa d'avoir fait cet article. Utile surtout.

ALTIER

Cueillette de myrtilles.– L'association des agriculteurs du parc informe ses adhérents que la cueillette des myrtilles est ouverte à partir du lundi 25 août.

Étant donné l'absence totale de récolte il n'y a pas d'horaire de début, ni de secteur de ramassage.

→ La Lozère Nouvelle

Boule et Tchernobyl

Les voisins c'est utile dans toutes les circonstances.

Trouvaille lumineuse

Alors qu'il croyait avoir trouvé une vulgaire pierre grise dans son jardin, un habitant de Volgelsheim (Haut-Rhin) pourrait en fait avoir reçu sur sa pelouse la tête d'une météorite pesant plus de huit kilos, tombée lors de la fameuse nuit des étoiles filantes.

Jeudi à l'aube, Willy Eber remarque dans son jardin une forme de couleur grise qu'il prend d'abord pour un hérisson. "J'ai l'habitude de nourrir un hérisson dans mon jardin, je lui avait donné à manger la veille vers 10 heures du soir. Quand j'ai vu que ça ne bougeait pas je l'ai touché du pied, c'était lourd et d'une matière inhabituelle, j'ai eu peur que ce soit radioactif et que mon chien y touche, alors je l'ai donnée à une voisine et je ne veux plus voir cette pierre".

→ Dimanche

Flatulences

Ce concours, c'est pas de la m... !

Une flatte en or...

Suspense à Ittre. Qui va remporter «la Flatte en or», le concours que le centre de loisirs et d'information (CLI) organisera ce dimanche à 14 h 30, dans le cadre de la Saint-Rémy 97? Le principe du jeu sera simple et «frais»: il s'agira d'avoir du flair et d'acheter le mètre carré de la prairie (devant le château) où la vache qui y sera lâchée fera sa première flatte! Dix mille francs seront remis au gagnant. Pour le reste, la fête aura à nouveau pour but de permettre à la vie associative de s'exprimer et aux habitants de se rencontrer. Au programme: brocante, jogging, jeux inter-associations... Le chapeau sera le thème du week-end. Rens.: 067-64.73.23.

→ Le Soir

C 45/104 | FR | Journal officiel des Communautés européennes

(98/C 45/129) **QUESTION ÉCRITE E-1792/97**

posée par Florus Wijsenbeek (ELDR) à la Commission

(27 mai 1997)

Objet: Recherche en mer et répartition des chaussures rejetées sur le rivage

1. La Commission sait-elle que dans le cadre de recherches effectuées récemment, un biologiste, du nom de Léopold, du «Nederlandse Instituut voor Bos- en Natuuronderzoek» a calculé le nombre de chaussures rejetées par la mer?

2. La Commission sait-elle par ailleurs que ces recherches ont donné les résultats suivants: sur l'île néerlandaise de Texel, 68 chaussures gauche et 39 chaussures droite ont été rejetées sur le rivage pour 63 chaussures gauche et 93 chaussures droite, en un seul hiver, sur l'île écossaise des Shetland?

3. Selon la Commission, s'agit-il d'une répartition équitable?

4. La Commisson est-elle disposée, dans le cadre de l'affectation annuelle des quotas de pêche, à répartir aussi proportionnellement les chaussures par paire et par État membre?

5. La Commssion est-elle disposée en outre à organiser un échange en vue de compléter les paires de chaussures, éventuellement dans le cadre du programme Interreg?

Dans l'affirmative, de quelle façon, dans la négative, pourquoi pas?

Réponse donnée par M. Santer au nom de la Commission

(19 juin 1997)

1. Non.

2. Non.

3. Non.

4. Non.

5. Non, la question posée par l'Honorable Parlementaire ne relève pas du domaine d'activité de la Commission.

→ Journal Officiel des Communautés Européennes

L'Europe en marche

Non, la commission de Bruxelles ne se consacre pas uniquement aux sujets technocratiques.

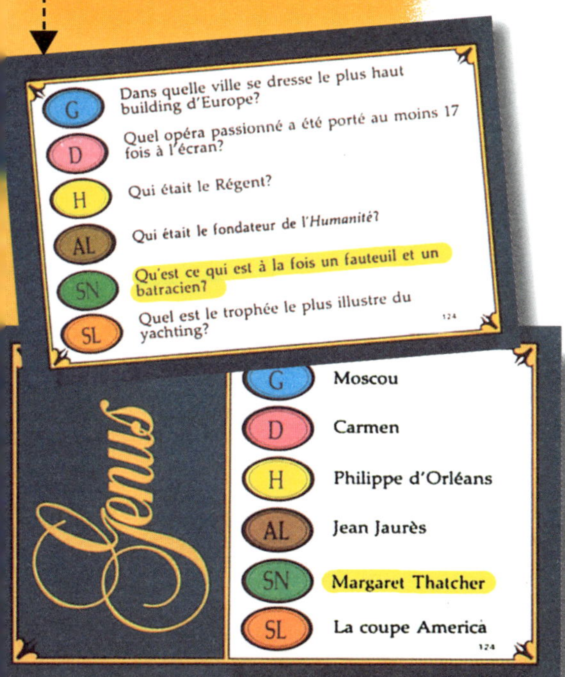

Triviale

Et en plus elle détestait les "Froggies".

Le poids des photos

Voisinage

Une téléspectatrice enchantée m'a envoyé ce cliché :

Menace

Pas de justice sans punition...

→ Dans les toilettes d'un bar

→ Dans le jardin d'une résidence

Belles paires

Ils l'auraient fait exprès, ils n'auraient pas fait mieux.

?

Vous avez dit "sexe"

C'est un ordre !

nb : les cénobites sont des moines vivant en communauté.

→ Admirez l'harmonie des couleurs

A fond !
A fond !

Afin que personne ne tire à moitié.

Le choc des mots

OFFRES D'EMPLOIS
MERCURE BANGKOK

Recherche :
2 TRAINEES

pour ses départements F&B et
Rooms division
durée 6 mois à 1an

Contacter :
MERCURE HOTEL
Olivier BERRIVIN
Rooms Division Manager
1091/336 New Petchburi road
Bangkok 10400
Thailand
****

Training

Pas la peine de passer une annonce, alors qu'en cherchant un peu au bois de Boulogne...

Fausse saucisse

Faut pas confondre l'animatrice avec le thème de l'émission.

12.50 A vrai dire

Photo TF1 / E. Chognard

Présenté par **Hélène Molière**
- Saucisse de Morteau -

C'est comme ça qu'on les appelle ?

Ça déménage

Retour à l'envoyeur pour ces courriers postés à on ne sait qui...

France Telecom
Cable
PAPETERIE VALEX
ROUTAGE
5/7 bld Notre Dame
13006 MARSEILLE
MARSEILLE GARE
20.1.98
DU RHONE
REPUBLIQUE FRANCAISE
POSTES
N'HABITE PAS À L'ADRESSE INDIQUÉE
RETOUR À L'ENVOYEUR
M SANS NOM
15 AVE DE LA MAGALONE
RES PETITES MAGALONE 7
13009 MARSEILLE

France Telecom
Cable
PAPETERIE VALEX
ROUTAGE
5/7 bld Notre Dame
13006 MARSEILLE
MARSEILLE GARE
20.1.98
DU RHONE
REPUBLIQUE FRANCAISE
POSTES
N'HABITE PAS À L'ADRESSE INDIQUÉE
RETOUR À L'ENVOYEUR
M APPARTEMENT
3 PCE MIGNARD
NOUVEAU PARC SEVIGNE 3
13009 MARSEILLE

France Telecom
Cable
PAPETERIE VALEX
ROUTAGE
5/7 bld Notre Dame
13006 MARSEILLE
MARSEILLE GARE
20.1.98
DU RHONE
REPUBLIQUE FRANCAISE
POSTES
N'HABITE PAS À L'ADRESSE INDIQUÉE
RETOUR À L'ENVOYEUR
M DEMENAGE
6 RUE CARNAVALET
PARC SEVIGNE
13009 MARSEILLE

A vous

COUPON - REPONSE

à retourner pour le 29 Octobre au plus tard

Mme ❒ Mle ❒ M. ❒

NOM ____________________

Prénom ____________________

Demeurant à ____________________

____

Participera ❒ Ne participera pas ❒

**A LA DEMI-FINALE RÉGIONALE
DES DICOS D'OR**

**SAMEDI 8 NOVEMBRE 1997
A AMIENS**

Participera ❒ Ne participera pas ❒

A LA VISITE GUIDÉE DE LA CATHÉDRALE
ET DU QUARTIER St-LEU

Inscrivez-vous à la dictée de Pivot.

de jouer !

PROGRAMME

12 H 15 Accueil

12 H 45 Présentation par Paul Personne

13 H 00 Dictée en direct par Bernard Pivot

14 H 30 Raffraîchissements

15 H 00 Visite guidée de la Cathédrale et du Quartier St-Leu

17 H 00 Proclamation des résultats

Ne cherchez plus :

Même à 14 h 30, les rafraîchissements ne prennent qu'un seul "f".

Plus fou que la télé : le programme

2 Be 3 de Q.I.

Autant dire que les cerveaux prennent l'air !

19.30 Journal (RTBF)

20.00 ENVOYÉ SPÉCIAL

115 min. Présenté par Bernard Benyamin.

2 BE 3 : TROIS GARÇONS DANS LE VENT. LA FUITE DES CERVEAUX. POST-SCRIPTUM : CORSE.

→ Télé Rapid

Service au public

C'est bien la première fois que TF1 ne veut pas faire d'audimat.

Jeudi 29 AVRIL

20.50 JULIE LESCAUT

Série

Interdit au public

→ Télé 7 Jours

Tueur

Quand le magazine Télé Câble Hebdo consacre un papier au dangereux terroriste Carlos, cela déroute un peu son service photo.

20.55 MAGAZINE

ENVOYÉ SPÉCIAL

Présenté par Bernard Benyamin.

Les sœurs de Chambarand. Un séjour dans l'un des 400 monastères français permet de partager la vie quotidienne des religieuses. A Chambarand, 58 femmes ont choisi de vivre retirées du monde. Ces trappistines ont ouvert leur porte et accepté de parler d'elles-mêmes. **On l'appelait Carlos.** Une biographie d'Ilitch Ramirez-Sanchez, alias Carlos, le terroriste le plus connu du monde, reconstituée à l'aide des témoignages de ceux qui l'ont côtoyé, du Venezuela au Liban, en passant par Londres et Moscou. **L'argent du Crédit**

Carlos.

nche

6.00 Hot forme Les cheveux. 35278 **6.25 Boulevard des clips** 78622977 **7.40 L'étalon noir** Tel père, tel fils. 8405557 **8.05 Rintintin junior** 8496809 **8.30 M6 Kid** 7773335 **10.45 Projection privée** 5115489 **11.30 Turbo** Les voitures de rêve. La nouvelle Porsche 911 - La Honda NSX - Le challenge Ferrari - L'Audi S4. 9248

12.00 Warning 21538
Le GPL - Le premier Airbag protège-tête - Le premier scooter deux temps non polluant.

12.15 Sports événements 949977
Spécial roller et BMX.

12.45 Supercross de Bercy 5738880

13.20 Commando sur Téhéran 7804644
Film TV. Etats-Unis. 1986. (1/2). Réalisation : Andrew V McLaglen. 1 h 35.
Avec : **Burt Lancaster, Richard Crenna, Paul Le Mat.**
Un groupe d'anciens soldats américains libère deux otages retenus à Téhéran.

15.05 Commando sur Téhéran 9813267
Film TV. Etats-Unis. 1986. (2/2). Réalisation : Andrew V McLaglen. 1 h 35.

17.00 Agence Acapulco 90183
Une cible de choix.
Un homme de la mafia, recherché par le FBI, se rend à Puerto Vallarta pour le mariage de sa fille.

17.45 Fréquenstar 2466809
Khaled.

19.00 Demain à la une 59064
Une fille dans la mafia.
A la suite de l'acquittement de Franck Perrelli, un responsable de la mafia, sa fiancée se retrouve en danger. Gary convainc Church de l'aider à la protéger.

19.54 6 minutes/météo 400301373

20.05 E = M6 503915
Enquête : nos bébés sont des génies ! - Le géant des glaces - Sport : le matériau qui va plus vite - Le train aspirateur - Comment ça marche : l'imprimerie.

20.35 Sport 6 3935915

20.45 *Magazine économique.* 308422
Présentation : Emmanuel Chain.

CAPITAL

La chasse aux trésors.
Deux Français sur trois sont collectionneurs et fréquentent brocantes et ventes aux enchères. Quels prix sont-ils prêts à mettre pour assouvir leur passion et comment des objets anodins prennent-ils de la valeur ? Au sommaire : « Un trésor dans votre maison ». Les vieux meubles mis au rebut connaissent parfois un parcours étonnant, jusqu'à la salle des ventes ou aux puces - « Collections : des tops et des flops ». Parmi les objets de collection populaires, certains s'échangent à prix d'or et d'autres ne valent rapidement plus rien - Egalement : « Reliques de stars » - « L'héritage Tintin » - « Voitures cultes : gouffre ou bonne affaire ? »

Hobby ou gagne-pain ?

Un document qui laisse songeur sur la valeur marchande de certaines vieilleries et qui donne envie de faire un petit tour au grenier ou dans la cave, des fois que...

22.45 Météo 5422847

22.50 Culture pub
Magazine de société. Présentation : Christian Blachas et Hervé Thomas. 5623538
Au sommaire : « Le produit fait de la résistance ». Bien que le « torture-test » - l'exercice qui consiste à faire subir un test de résistance à un produit pour en éprouver la solidité ou l'efficacité - soit considéré par certains comme le degré zéro du marketing, le procédé a fait ses preuves - « La saga Polaroïd ». Malgré les évolutions successives dans le domaine de l'image, l'appareil photo Polaroïd continue de séduire avec son procédé de développement instantané qui fut révolutionnaire il y a cinquante ans.

23.20 Onze jours, onze nuits 2 41120
Film TV. Italie. Réalisation Joe d'Amato. 1 h 30.
Avec : **Kristine Rose, Rut Collins, Frederick Lewis, Maurice Dupré.**
Une femme écrivain ne recule devant rien pour éprouver les héritiers d'un milliardiare.

24.55 Sport 6 3068768 **25.05 Boulevard des clips** 5276294 **26.05 Fréquenstar** Khaled. 1572720 **26.55 Fan de** Dance Machine spécial Boys à Bordeaux. 8745010 **27.20 Jazz 6** 8661294 **28.20 Plus vite que la musique** 9924381 **28.45 Fanquizz** 9935836 **29.15 Coulisses : Jean-Louis Aubert** 2704671

→ TV Magazine

Minuit passé

M6 : la petite chaîne qui monte et qui ne se laisse pas emmerder par la pendule...

...lins, Fred... Maurice Dupré.
Une femme écrivain ne ... devant rien pour éprouver héritiers d'un milliardiare.
24.55 Sport 6 3068768 25.05 Boulevard des clips 5276294 26.05 Fréquenstar Khaled. 1572720 26.55 Fan de Dance Machine spécial Boys à Bordeaux. 874501... 27.20 Jazz 6 8661294 28.20 Plus vite que la musique 9924381 28.45 Fanquizz 9935... 29.15 Coulisses : Jean-Louis Au... ...04671

Le poids des photos

→ Sur l'île d'Oléron

L'arnaque

Sur le thème : faute avouée est à moitié pardonnée.

On vous aura prévenus !

Ici et là

J'aime beaucoup le petit rajout.

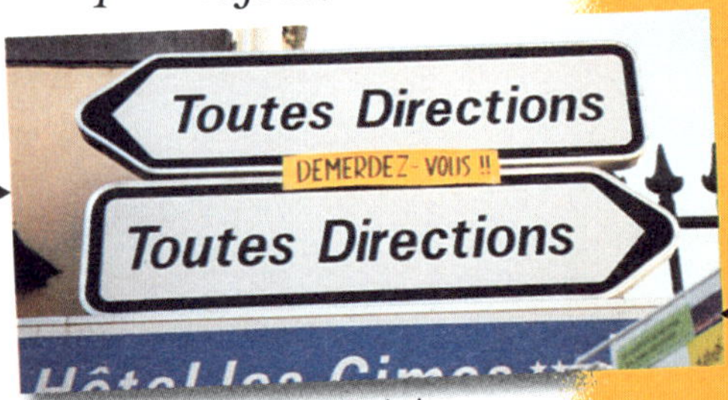

→ Photo prise dans les Pyrénées

Ça n'est pas drôle !

Non, c'est vrai quoi, les mecs, c'est pas drôle comme blague...

→ Photo prise dans le Finistère

→ A Lisieux

Campagnes jumelées

Marrante et informative, la publicité comme on l'aime.

Insécurité

Ils ont les moyens de surveiller, mais pas de s'acheter une pancarte neuve !

→ Un jardin en Savoie

Le poids des photos

Bed and Breakfast

Photographie sur l'emballage

Quoi de plus agréable que le petit déjeuner au lit ? Sauf que… regardez le menu proposé dans l'assiette. Mamma mia !

Le sens du commerce !

Ça boume !

Offre promotionnelle lancée avec tact pendant la reprise des essais nucléaires français.

Santé !

Dans le Médoc, le grand retour des médecines alternatives.

Offre au poil

C'était pas plus facile de rembourser ?

Vive la télé !

L'image et le son, parfait. Mais en Pal ou en Secam ?

L'exclusion de la pag

20% d'illettrés selon les statistiques officielles, 40% selon les critères internationaux de l'OCDE : les chiffres de l'illettrisme en France font de toute façon peur. Au delà de la dramatisation, comment peut-on expliquer une telle situation dans une société où 70% d'une classe d'âge a le Bac ? Tour d'horizon dans l'agglomération havraise et premier volet d'une série de trois articles sur l'illettrisme.

Francis a 21 ans. Le regard clair, la conversation timide, les gestes un peu hésitants, il cherche du boulot. A l'ANPE, sous le panneau *« agriculture »* , il passe et repasse : il y a bien une annonce qui l'intéresse, mais voilà, dans la rubrique *« horticulture »* , chiffres de référence, abréviations et mots codés s'emmêlent tant qu'il ne sait pas bien quoi en faire. Francis n'est pas vraiment illettré, encore moins analphabète. L'école, il l'a quittée à seize ans et depuis il a fait comme un quart de nos compatriotes : en n'ouvrant jamais plus un livre une fois la scolarité finie, en n'écrivant jamais, pas même une carte postale, il a désappris. Pas au point de ne plus déchiffrer aucun mot ou de ne plus savoir écrire son nom mais suffisamment pour qu'une annonce d'emploi, une lettre de motivation ou le code Rousseau du permis de conduire soient des obstacles suffisants pour bloquer ses démarches.

Comme lui, ils sont nombreux à être tout à fait perdus dans notre société où tout passe par l'écrit. Chèque à remplir, consignes à lire sur un guichet automatique, panneaux à déchiffrer, rayons de magasin à trouver, dossiers administratifs à compléter, bons de commandes à remplir, messages du prof du petit dernier à comprendre : les impasses sont infinies pour celui qui a des difficultés pour lire ou écrire. *« Le plus souvent, les gens ont déjà du mal à utiliser autre chose qu'un vocabulaire limité ou utilitaire, alors quand il s'agit de lettres à l'administration ou d'entretien avec un employeur, ils sont complètement désemparés, explique Caroline Lemaître qui intervient comme écrivain public dans les quartiers défavorisés et aux Restos du cœur. Mais on a aussi des gens à qui il faut expliquer que 550 francs c'est quatre billets de cent et un billet de cinquante. Il m'est arrivé également de rédiger des demandes en mariage »* .

Stratégies de fortune

Mais qu'ils soient incapables de lire un mode d'emploi ou juste gênés quand ils doivent s'exprimer par écrit, car le vocable illettrisme recouvre des réalités très différentes, les statistiques les classent tous sous le même label dévalorisant : on les appelle les illettrés. Pour se débrouiller malgré tout dans leur vie quotidienne, il est alors nécessaire d'employer des stratégies de fortune. *« Quelqu'un que je connaissais avait l'habitude de se repérer dans le métro d'après les affiches publicitaires, raconte un formateur. Mais quand les affiches changeaient il était perdu »* . Difficile dans ces conditions de garder un certain degré d'autonomie. *« Il y a une très grande souffrance de la part de ces gens qui ont honte de ne pas savoir lire ou écrire et qui n'osent pas le dire, illustre Ridha Cherif, président de l'APAM, une association spécialisée dans la lutte contre l'illettrisme. J'ai connu un monsieur qui m'a dit qu'il avait pleuré de honte le premier jour où il est venu dans l'association réapprendre à lire ».*

Difficile à estimer dans la région (en 1984, les chiffres de l'illettrisme en Haute-Normandie étaient déjà supérieurs de 2 à 5% à la moyenne nationale), la population concernée semble étroitement liée aux catégories socio-culturelles qui n'utilisent pas l'écrit. L'ANPE cite des taux allant de 4% dans des quartiers favorisés à 25% dans des zones très touchées par la pauvreté. Si l'on estime que 10% en moyenne des effectifs des entreprises sont concernés par l'illettrisme, les professions manuelles sont bien sûr plus représentées. Mais pas seulement elles : *« J'ai rencontré un agent de maîtrise qui a très longtemps donné toute satisfaction jusqu'à ce qu'on lui demande de faire un rapport écrit sur un nouveau procédé de fabrication et là, on s'est rendu compte qu'il était illettré »* , reprend Ridha Cherif. Même si l'on trouve beaucoup de gens qui au fil des années ont désappris la langue française, les jeunes sont de plus en plus nombreux : pour des raisons parfois autres que scolaires (problèmes d'orthophonie ou de concentration...), ils n'ont pas assimilé durablement les acquisitions et donc les oublient dès leur sortie du système scolaire.

Plus vulnérables aux restructurations d'entreprise

Plus nombreuse ou pas, la population concernée de près ou de loin par l'illettrisme est en

de jouer !

blanche

Consignes à lire sur un guichet automatique. monde dans lequel nous vivons est un monde fermé à ceux qui ne possède pas le langage de l'écrit.

cas de plus en plus facile- nt exclue. *« Avant, pour ir un boulot, on avait juste à vaincre le patron, explique erry Brioude de l'Associa- havraise pour accueil aux rants, qui s'occupe égale- nt d'alphabétisation et lettrisme. Aujourd'hui, on ne t rien faire sans CV et par- il faut passer des tests »* .

A l'ANPE Vauban, Yvette ng, référente formation, onte que même les entre- ses qui recrute parmi les s-diplômes, comme les iétés de nettoyage ou de urité, exige désormais un eau minimum d'utilisation l'écrit. *« Dans les sociétés gardiennage, on doit mainte- t être capable d'écrire un cès-verbal en cas d'interven- et les agents de nettoyage vent pouvoir lire les notices nouveaux produits d'entre- »* . Dans un contexte où les normes de sécurité et les démarches qualité sont de plus en plus évolutives, les entreprises dépensent en effet beaucoup d'argent pour la formation interne et attendent donc de leur personnel qu'il soit en état d'en tirer bénéfice. Alors forcément, les salariés ne pouvant utiliser l'écrit, outil obligé de n'importe quelle formation, sont les plus vulnérables aux restructurations.

Nathalie BIRCHEM-HEDDI

Prochain volet de notre enquête demain : « L'école sur le banc des accusés ».

Ne cherchez plus :

La Presse du Havre dénonce avec raison les chiffres accablants de l'illettrisme. A propos de chiffres, en milieu d'article, ce constat terrible de Caroline Lemaître, écrivain public dans les quartiers défavorisés : "On a aussi des gens à qui il faut expliquer que 550 francs, c'est quatre billets de cent et un billet de cinquante." *Un témoignage qui compte.*

mination complète du texte). La plupart des Français se situe entre 2 et 3. On estime également que 4% de la population ne

Quel avenir pour les travailleurs ?

Quand le cabinet Aubry (!) met à louer les locaux de l'ANPE, on a tout à craindre pour l'Assedic et l'évolution sociale en général.

! C'est le métier qui rentre...

Le plus beau des BDE...

On vous épargne le discours plein de compassion sur votre situation d'ex-taupin et on vous dit simplement bienvenue à Chimie Paris ! Trois années inoubliables vous attendent. En effet comme vous allez vous en rendre compte, la liste des clubs est longue et surtout non exhaustive: toutes vos suggestions sur le club de vos rêves seront les bienvenues.

Le BDE, Bureau Des Élèves, ce sont 9 personnes qui s'agitent dans une toute petite pièce en face de la K-fêt et qui comme ça, vous organisent le merveilleux Week-End d'Intégration, l'épuisant mais non moins mémorable rallye pédestre de la rentrée, les irremplaçables soirées K-Fêt, qui réparent l'indispensable photocopieuse, qui s'occupent des polys et des annales (et ça sert !!!) et qui se chargent de trouver des sponsors pour les différents clubs: SO-GE, KODAK, ATO, RHÔNE-POULENC, ESSO, ... et qui enfin vous offre cette magnifique plaquette !

Alors, si vous avez le sens de l'organisation et des responsabilités et si vous êtes assez fous pour vous embarquer dans une activité qui vous occupera 25h/24. C'est avec le plus grand plaisir que nous vous accueillerons dans nos rangs pour que cette année du centenaire soit pour tous inoubliable.

Brochure

TV Hebdo

Physique

Multicarte, cette membre du BDE de l'école Chimie Paris. Car on l'a retrouvée dans un journal d'un autre genre...

Epistolier sans pistolet

Tâter de la délinquance n'exclut pas un minimum de savoir-vivre.

PAU

Gentleman cambrioleur

Grosse surprise pour une étudiante paloise rentrée de vacances de Noël dimanche à son domicile, dans une résidence située sur le campus. En usant de fausses clés, un individu s'était introduit dans son petit appartement en son absence, l'avait consciencieusement fouillé et y avait même dormi. Jusque-là, rien que d'assez classique.

La suite de l'histoire l'est nettement moins. Plutôt que de prendre le large en emportant tout ce qu'il pouvait prendre dans sa besace, le gentleman cambrioleur a tranquillement rédigé une lettre de deux pages à l'adresse de l'occupante des lieux. « Très chère et très inconnue Émilie », a-t-il démarré avant d'expliquer qu'il ne pouvait décemment pas dépouiller une jeune fille qui écoutait Joe Dassin et les Mamas and Papas. Il est parti en emportant un savon et un exemplaire de « l'Écho des savanes ». « Ce n'est pas une lecture pour une prude jeune fille », a-t-il conclu en signant d'un prénom : Christophe.

→ Sud-Ouest

Faits et arguments

Limpide

Rappel : le titre d'un article sert à exposer clairement une situation parfois confuse.

Des revendications claires mais parfois trop confuses

→ France-Soir

Une histoire à la Kafka !

Jugez plutôt de l'histoire qui est survenu à ce jeune homme qui se présentait, hier, à la maison d'arrêt de Clermont-Ferrand, pour purger une peine de trois mois de prison. Comme il n'avait pas de papiers d'identité (les ayant perdus, il n'avait pas fait de démarches pour avoir un double. Rappelons que la carte nationale d'identité n'est pas obligatoire), on lui refusa l'entrée. Il alla quémander un conseil auprès d'un magistrat qui le renvoya à la police.

« Vous me connaissez, je suis fiché chez vous ». Les policiers trouvèrent effectivement sa fiche signalétique avec photos à l'appui. Renseignements pris, on lui fit une attestation à laquelle fut jointe une photo, un procès-verbal fut dressé. Ainsi dûment muni de cette pièce d'identité nouvelle formule, notre homme s'est vu ouvrir la porte de la maison d'arrêt, en citoyen désireux d'accomplir sa peine.

→ La Montagne

Bravo !

La prison ne fabrique pas seulement des gens malhonnêtes, elle en accueille aussi d'honnêtes.

Tribunal

Nu dans le maïs : un mois avec sursis

Comme elle le fait quotidiennement, une jeune femme de Plouédern, âgée de 28 ans, se promenait le 25 septembre dernier sur un sentier de campagne bordant un champ. Il était 10 h 30. Soudain a surgi des rangées de maïs un homme en tenue d'Adam. La victime de cette exhibition s'est aussitôt mise à crier, ce qui a provoqué la fuite du nudiste et a elle aussi pris ses jambes à son cou pour se réfugier dans une ferme toute proche.

De là, quelques instants plus tard, elle a remarqué un homme embarquant à bord d'une Mercedes stationnée à proximité, dont elle a noté le numéro d'immatriculation. Le conducteur a donc été appelé à s'expliquer devant les magistrats.

Comme devant les gendarmes, le prévenu, un commercial, a juré ses grands dieux qu'il n'était pas l'homme nu aperçu ce jour-là, malgré deux identifications formelles de la victime. « J'étais bien sur les lieux, pour me détendre entre deux rendez-vous. Par contre, il y avait un vélo caché le long d'un talus ». Vélo que personne d'autre que lui n'a d'ailleurs aperçu. Le ministère public s'est également étonné que le commercial n'a pas entendu les cris de la jeune femme.

« Ne vous fiez pas aux apparences » a recommandé Me Bergot au tribunal. « Il y a eu une association de la victime, choquée, entre l'image de l'homme nu et celui aperçu quelques instants plus tard au volant ». La défense observe également que l'agresseur est décrit comme ayant « une calvitie naissante » alors que le prévenu ne présente aucune particularité de ce type. Me Bergot s'étonne également que la victime ait formellement reconnu le commercial au cours d'une confrontation, « à cause de son attitude lorsqu'il avait les mains dans les poches »...

« C'est la parole du prévenu contre les apparences » : le juge Mme Mornet a fait sienne la seconde option et a prononcé une peine d'un mois de prison avec sursis.

Collaborez !

Vivement que la science découvre un médicament contre la mauvaise foi.

Kangourou sans slip

Avis aux exhibitionnistes : une attitude peut trahir autant que des empreintes digitales.

Papon ne sait pas qui a regroupé les enfants déportés en août 42

Pressé de questions par le président de la Cour d'Assises de la Gironde, Jean-Louis Castagnède, Maurice Papon a affirmé hier qu'il ne savait pas qui avait regroupé dans le convoi du 26 août 1942 la quinzaine d'enfants placés dans des familles d'accueil depuis la déportation de leurs parents, le mois précédent.

le chef du service des questions juives, Pierre Garat, et le sous-lieutenant SS Otto Doberschutz, il ressort que les Allemands avaient chargé la préfecture de préparer un deuxième convoi

Une piste pour la mémoire qui flanche

Les troubles de la mémoire venant avec l'âge pourraient un jour être corrigés par l'administration de petites doses d'une hormone cérébrale, dont la production aurait tendance à baisser dans les cerveaux vieillissants, selon les travaux de chercheurs français publiés mardi dans la revue de l'Académie des

→ Var Matin

Chaud devant

Constance

Quand on aime vraiment, on a toujours vraiment vingt ans.

AMITIE

JE CHERCHE ttes pers. pouvant m'indiquer ce qu'est devenu Denise Martin qui en 1938 habitait Boulogne elle avait 19 ans, j'étais amoureux et à 83 ans j'en suis encore. Ecr Jal S/REF 76R-1969.

Homicide conjugal

Chacun s'y reconnaîtra.

"Remerciements" et mépris sincères à celles et ceux qui ont "contribué" à démolir notre couple. Vous avez gagné ! Que chacun ici s'y reconnaisse !
Frédéric T.

Sacrés dragueurs

Un appel d'offres en matière de travaux publics peut ressembler à un scénario de films X.

MORBIHAN **56**

08.0190

LA VILAINE
Travaux de dragage

AVIS D'APPEL PUBLIC A LA CONCURRENCE

Maître d'ouvrage : Institution d'aménagement de la Vilaine, 8, rue St James, 56130 La Roche Bernard.
Procédure de passation : appel d'offres ouvert.
Objet du marché : travaux de dragage (technique drague suceuse refouleuse) :
– à l'aval de l'écluse d'Arzal (56),
– au port de Tréhiguier (commune de Penestin, 56),
– au port de Vieille Roche (commune de Camoel, 56).
Caractéristiques principales des travaux, décomposition en tranches :

Le développement Leroy Merlin,
une réussite qui appelle
la vôtre !

Leroy Merlin recrute
pour son magasin de **Rennes**, de **futurs**

Chefs de Secteurs

Rayon Matériaux (Réf.OF8/01)
Avec les Conseillers de Vente, vous organisez, gérez et optimisez la tenue des rayons, l'élargissement et la profondeur de la gamme, la mise en place des opérations commerciales...
Vous formez les Conseillers de Vente à leur métier. A l'écoute et au service de tous nos clients, vous leur proposez les produits et les services adaptés àla réussite.

Service Caisse-Accueil (Réf.OF8/02)
Vous contribuez à la satisfaction des clients et à la qualité de service en mettant en œuvre les orientatins du secteur planification, organisation,...) en assistant et en goûtant les hôtesses de caisses (formation, information, motivation...) et en coordonnant les activités quotidiennes du secteur.

A 28 ans environ, de formation supérieure, vous excercez déjà ce métier dans la distribution ou après une réelle expérience d'au moins 5 ans.
Vous désirez réussir avec nous, alors écrivez-nous sous la référence du poste concerné à :

Leroy Merlin - Annie Bignon
Parc d'Activités Rocade Sud
35135 CHANTEPIE.

LEROY MERLIN
Pour Réussir

→ Annonce passée dans Ouest-France

Léchouille

Leroy Merlin attend de ses futurs chefs du service caisse une motivation au petit poil.

Soufflez à cette place !

Si elle devient verte : allez immédiatement chez le médecin. Si elle devient brune : chez le dentiste ! Au violet : consultez le psychiatre. Au rouge : contrôlez votre assurance vie ! Noir : appelez immédiatement votre notaire et faites votre testament ! Si elle reste blanche, vous êtes en parfaite santé et rien ne vous empêchera de venir à l'office du dimanche de votre paroisse.

Inspiration

L'Eglise moderne ne recule devant rien pour le salut des âmes et des corps.

→ Extrait du journal d'un Ensemble paroissial

Le poids des photos

Privilège

Les non-abonnés restent à sec ?

Lyon, sur les quais

Soyons clairs

Osmose

Béziers

Positionnement politique

Ce n'est pas une blague : ce sont les colleurs d'affiches eux-mêmes qui ont parfaitement choisi cet emplacement pour leur candidat.

Photo prise dans l'Yonne

Sportif

Respirez, toussez !
Respirez, toussez !

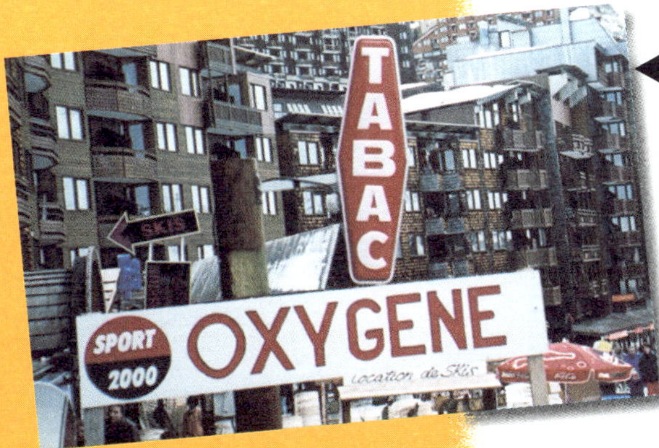

→ Avoriaz

Handicap

C'est quoi un demi flic ? C'est un flic qui ne sait ni lire...

→ Admirons dans le rétroviseur (et félicitons) l'auteur de la photo

La belle vie

Comme son nom l'indique...

→ Photo prise à Toulouse

Recherche très précise

Pas n'importe qui. Pour pas n'importe quoi. Et pas n'importe quand.

■ F cherche H sicilien né du 10 au 12 mai ou 2 au 8 février ou 2 au 8 décembre pour taper à la machine Tél 77.41.[redacted].

■ RECH. JF ou jne femme pr spec-

Cherche son chat. Ou autre chose

Cherche à s'en débarrasser

Et gare à la mise en garde.

Perdu serpent près Canal. Si vous le trouvez, gardez-le, n'est pas méchant mais méfiez vous de lui. – Tél. 54.21.[redacted].

➔ La Dépêche de Haute-Garonne

Cherche et change

L'amour des animaux n'a d'égal que celui des enfants.

◆ La personne qui aurait pu trouver un adorable YORKSHIRE de 3 kg tatoué PTP 161 est priée de bien vouloir donner de ses nouvelles. posssibilité d'arrangement avec une petite fille. FORTE RECOMPENSE.Tél: 56 93 [redacted]
réf:40001927

Cherche à f… la m…

Une petite annonce qui sent plutôt le règlement de compte.

FB 037650 0245

Jeune homme, doué pour les affaires, né chez l'ancien maire de Tipasa plus frère haut fonctionnaire du CIRAD (1.800 personnes) plus cousin dans la gendarmerie cherche **POSTE HAUT FONCTIONNAIRE** 25.000 francs nets plus véhicule de fonction. Téléphone 81.83.[redacted], demander Christian Parisot.

→ L'Est Républicain

Recherche sans nom…

Annonce passée en janvier 95.

▶ Rech. Monsieur, 60 ans, qui a téléphoné en août 1993 et qui a oublié de donner son n° de téléphone. Appeler le 35.20.[redacted].

→ Le Courrier Cauchois

Cherche à ne pas rien faire !

Et il a le mérite de ne pas le cacher.

VN 77 7777 77 2182

Si vous lisez ce message, c'est que vous avez besoin de mes services sauf que je sais rien faire
© 03.20.41.[redacted]

VN 84 8484 84 8282

→ La Voix du Nord

Cherchez l'erreur

A vous

Nouvelles bases du souvenir français

Le délégué général et le nouveau président

Tous les présidents des associations patriotiques viennent de se réunir dans la salle des associations de la Grand'Rue pour procéder à la reconstitution du comité de Cavaillon du souvenir français, à la suite de la démission du président Alphonse Pissebon et pour repartir sur de nouvelles bases.

A cette réunion participaient Louis Cornillac, délégué général du Vaucluse du souvenir français, René Auzet, nouveau président du comité de Cavaillon, ainsi que M. Candon au nom des prisonniers, M. Jarlot de l'A.R.A.C., M. Mieli de l'U.F.A.C., M. Ernewein de Rhin et Danube, M. Appy de la F.N.A.C., M. Soria des victimes déportés, de M. Brange des retraités militaires, de M. Viens.

Le siège social du souvenir français est fixé désormais au domicile du président René Auzet au 145, avenue René-Coty à Cavaillon.

Le souvenir français assiste à toutes les cérémonies patriotiques, mais sa journée, la journée officielle dans toute la France, est fixée au 1er novembre, (il participe aux dépôts de gerbes et est autorisé à quêter aux sorties des cimetières). L'entretien des tombes, dans le cadre du souvenir français, lui en revient pour les années antérieures à 1918, les autres étant normalement à la charge des communes.

Il a été convenu que le souvenir français poursuivra son dépôt de gerbes du 1er novembre devant le monument aux morts des différentes guerres au cimetière des Condamines et au carré militaire.

Une nouvelle assemblée générale aura lieu le samedi 18 mars à 9 heures, salle Vidau pour former le nouveau bureau autour du président René Auzet, des présidents d'honneur (Viens, Meunier et Morlot) et du porte-drapeau, M. Graille. A cette occasion, les nouvelles dispositions seront prises.

Alors, tu baises ? ■

Ne cherchez plus :

Il faut se concentrer sur la dernière ligne de l'article : "Alors tu baises ?" Explication : le journaliste dicte son papier à une secrétaire au téléphone. A la fin de l'article, il lui pose une question personnelle. Mais très concentrée sur son travail, elle écrit machinalement la dernière phrase du correspondant. Dommage qu'elle n'ait pas retranscrit sa réponse à elle...

le jouer !

Cherchez l'erreur

Ne cherchez plus :

Super sympa, le cadeau de Bravo Girl : "Un préservatif pour te protéger tout l'été." *Un seul pour tout l'été : va falloir faire ceinture !*

Le poids des photos

➜ Sur la plage de Port Blanc, Côtes-d'Armor

Dommage !

A trois lettres près, il était question de "planches à voile".

Vaches normandes ?

La Normandie vue comme ça, c'est sûr que ça fait rêver.

Avis aux voyageurs !

Inclinaison

Un mécanicien vous dirait que tout se joue sous le capot.

➜ Dans un supermarché de la Drôme

Rabais sur la vie

"En guerre contre la vie chère" : y avait pas la place pour tout le slogan, tant pis, ils ont quand même collé l'affiche !

A l'honneur

Francis Loste et son boudin

Francis Loste, en compagnie de son épouse : un savoir-faire justement récompensé. (Photo Hélène Dubarry)

➜ La Nouvelle République des Pyrénées

Appétissant !

Grand prix d'honneur et médaille d'or au concours du meilleur boudin.

Le choc des mots

On ne peut plus les arrêter

Assourdissant

Mime. n.m. : acteur qui s'exprime par les attitudes et les gestes, sans paroles.

DISQUE/C.D.

VD COLLECTION complète de disques du Mime Marceau Tél. 06.11.50.[redacted]

→ Marseille 7

Souhait réaliste

Marguerite Duras l'avait confié à Platini : "Le terrain, c'est le lieu où jouent les joueurs."

■ **Saint-Auvent**

Football club

Un match amical contre Saillat se déroulera le jeudi 4 septembre, à 20 heures, au stade de Saint-Auvent.

La présence des joueurs serait souhaitable. Penser à apporter les licences signées.

→ Le Populaire du Centre

VENDS crèmes glacées, divers parfums au choix, déjà servies, dépêchez-vous, il n'y en aura pas pour tout le monde. Tél: 02.48.26.[redacted]. Heures repas

Annonce à fondre

Encore heureux qu'on puisse appeler aux heures des repas !

→ n.b. : tract reproduit grandeur nature

Très gothique (trop)

Du rock, d'accord. Mais c'est quoi exactement, le nom de ce groupe ?

Télé locale passionnante

QUAND il n'y a rien à voir à la télé, à Lissay-Lochy, une minuscule commune près de Bourges, on va... au conseil municipal.

Premier acte : le rideau s'ouvre sur la plainte de la conseillère qui reproche au maire d'avoir radié ses enfants de la liste électorale. Fin de la scène.

Deuxième acte, un conseiller se croyant inspiré lance : *« Vous allez bien vous faire la bise ? »*. *« Biser la gueule du maire ? jamais »*, attaque l'élue. *« Ma gueule vaut bien votre cul »*, rétorque le maire qui assure que ce postérieur d'opposition n'a pas de secret pour la commune... Le troisème acte voit s'engager une course-poursuite autour du tapis vert, avec jet de chaise à l'arrivée.

Dernier acte : la justice renvoie tout le monde dos à dos : 2.000 F d'amende à chacun. Et 1 F de dommages et intérêts pour tout le monde. Un franc, c'est pas cher la télé locale.

Dominique HÉRAULT.

→ La Nouvelle République du Centre-Ouest

Démocratie

Pour être franc : il y a peu de programmes télé aussi intéressants.

Histoires de fesses

Tout un programme

Une équipe, et un programme...

Section encadrement

BEZ Alain, Caisse d'épargne, Brive
LECUL J.-Luc, VRP, Brive
FARGES Jacques, SNCF, Uzerche
HABRIAS Maurice, EDF, Brive
FORT Michèle, SNCF, Brive
PIOT Danièle, AFPA, Brive
MAZEAUD J.-Claude, cadre SNCF équipement
CHAUMONT Maurice, cadre SNCF transport

→ Supplément au Courrier de l'Union départementale CGT

Canal + déprogramme « Camilla »

Prévu pour être diffusé **vendredi 19 septembre** à **20 h 30** sur **Canal +**, le documentaire intitulé « Camilla, une nouvelle vie pour le prince Charles » a été, décence oblige, déprogrammé. En lieu et place, la chaîne cryptée diffusera « Face à face avec les babouins », documentaire animalier britannique. **Camilla** devra at-

→ Le Figaro

Simiesque

Peu de temps après le décès de Lady Di, Canal+ a su réagir.

Chasse

Gros et dur à digérer

Par un beau matin automnal, cinq chasseurs osèrent affronter la gelée matinale pour aller débusquer quelques lièvres qui auraient eu l'intrépidité de sortir de leur tanière.

Heureux de rompre le rythme astreignant des activités de la semaine, nos cinq compagnons s'offraient le rare privilège de pouvoir déambuler comme des promeneurs dans cette nature d'habitude si exigeante. Même si le gibier semblait les bouder, ils prenaient un réel plaisir à arpenter ces terres gercées par le froid à la recherche d'un indice, d'une trace, d'une odeur…

Alors que la journée allait les laisser une fois de plus bredouilles, un chien débusqua soudain un sanglier. Pris au jeu de la poursuite d'une proie si belle et si inattendue, nos chasseurs la traquèrent jusqu'à l'occire. Fiers de leur exploit, ils demandèrent, dans le respect des règles de la chasse, le fameux "bracelet" afin de pouvoir ramener leur trophée au village, le dépecer et le partager en cinq parts équitables.

Une histoire de chasse, somme toute assez banale. Mais à leur grande surprise, dès le lendemain, les cinq glorieux chasseurs furent convoqués à une réunion "extraordinaire" par les présidents des trois communes associées pour les battues. De quel crime allait-on les accuser? Allait-on leur reprocher de ne pas avoir partagé les restes de la victime entre les cinquante chasseurs de la G.I.C.? Ou bien avaient-ils poursuivi un gibier défendu ou réservé?

Ils attendaient donc avec anxiété le verdict de la Cour qui n'hésita pas à voter leur culpabilité et à prononcer une sentence qui mérite réflexion : **Interdiction pour les prévenus de chasser le chevreuil pour avoir tué un sanglier alors qu'ils chassaient le lièvre.**

Un seul chasseur s'inquiéta du verdict en faisant remarquer : ***"Si je pars un jour à la chasse au lièvre et que je tue un faisan, ils seraient bien capables de me retirer ma carte de pêche!"***

Commémoration du 11 novembre

Rassemblement à 11 h 30, devant le monument aux morts.

→ Le Réveil du Vivarais et de la Vallée du Rhône

Zoologie juridique

C'est ce qu'on appelle soulever un lièvre.

Toute mouillée

Mademoiselle, avant que votre mère ne saisisse la justice, sortez couverte.

Les voyagistes attaqués pour un oui ou pour un non

Pour avoir passé six jours en Tunisie au lieu des sept prévus dans la brochure (aléas des plans de vol en charter obligent), les époux X ont assigné leur agence de voyages à comparaître devant le tribunal d'instance de Levallois-Perret (Hauts-de-Seine) et demandé, avec l'exécution provisoire, 8 000 F à titre de dommages et intérêts. L'affaire, jugée fin 1996, donna raison à l'agence mais coûta près de 20 000 F (frais d'avocat, etc.) à son assureur. Lequel, tout naturellement, augmenta la prime à payer par l'entreprise de tourisme…

Attaché au Syndicat national des agents de voyage (Snav), Xavier de Boishébert constate certes « une stabilité » dans le nombre des réclamations gérées par son service consommateurs (de l'ordre de 600 à 700 par an, soit en moyenne un litige pour 10 000 voyages), mais s'alarme de l'évolution des plaintes et de leur caractère « procédurier ».

Un cafard dans son lit

« En face de conflits classiques de prestations non respectées (53 % de l'ensemble), où en effet il y a de quoi réclamer et qui débouchent le plus souvent sur des réparations, on relève des affaires inouïes, constate-t-il. Un client a par exemple demandé le remboursement complet de ses quinze jours en famille aux Antilles à cause d'un cafard qu'il aurait trouvé dans son lit. Sans succès heureusement. Mais un autre, dont l'enfant de quatre ans s'était piqué avec les rosiers entourant la piscine du club de vacances, a obtenu gain de cause auprès des tribunaux. Le voyagiste, selon les attendus, aurait dû notifier ce risque sur la brochure. Un autre cas, plus incroyable encore mais tout à fait véridique, concerne une mère qui, voyant sa fille rentrer enceinte de son séjour en Tunisie, a traîné l'agence en justice au motif que l'eau de la piscine de l'hôtel fourmillait sûrement de spermatozoïdes en suspension, et que sa fille, forcément innocente, en avait été l'involontaire victime! Elle a été déboutée. »

Hugues de LESTAPIS

→ Le Parisien

COTE Gérard lieu-dit Grand Bois 84 44
CROCHET Dominique chirurg dent 84 44
lieu-dit Combes ....
CUENIN Sylvain forêt exploit 84 48
lieu-dit Piotière 84 44
CULA Jean ramonage La Rechassière 84 44
DACLIN M rte Froideville
DEBOURG Bruno boulang patiss 84 44
rte Chaumergy ....
DELAFOYE Henriette

→ Extrait de l'annuaire du Jura

Ramoneur

M. et Mme Cula ont un fils…

Cherchez l'erreur

A vous

Ne cherchez plus :

C'est bien indiqué sur le bon à découper : "édition limitée à 45 jours de cuisson." C'est *encore mangeable* ?

Cherchez l'erreur

France Rail et la Sofres étudient les gares

La régie publicitaire de la SNCF veut maintenant tout savoir sur les millions de non-voyageurs qui passent chaque semaine en gare.

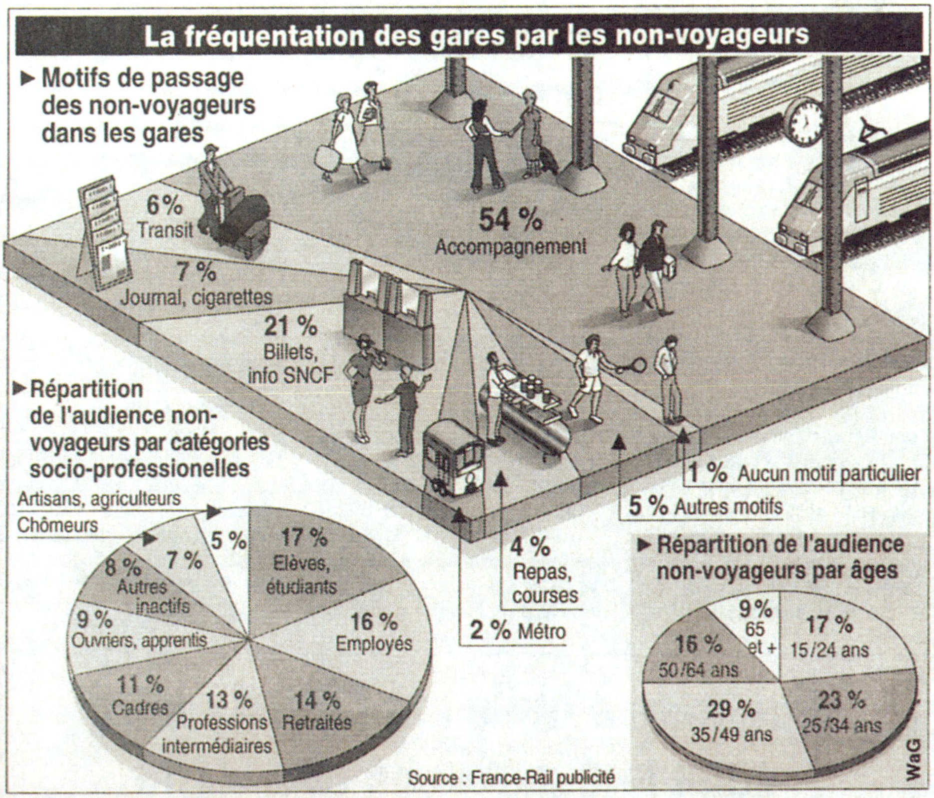

Que se passe-t-il dans les gares ? Une très sérieuse étude nous l'apprend.

→ Solution page suivante

Ne cherchez plus

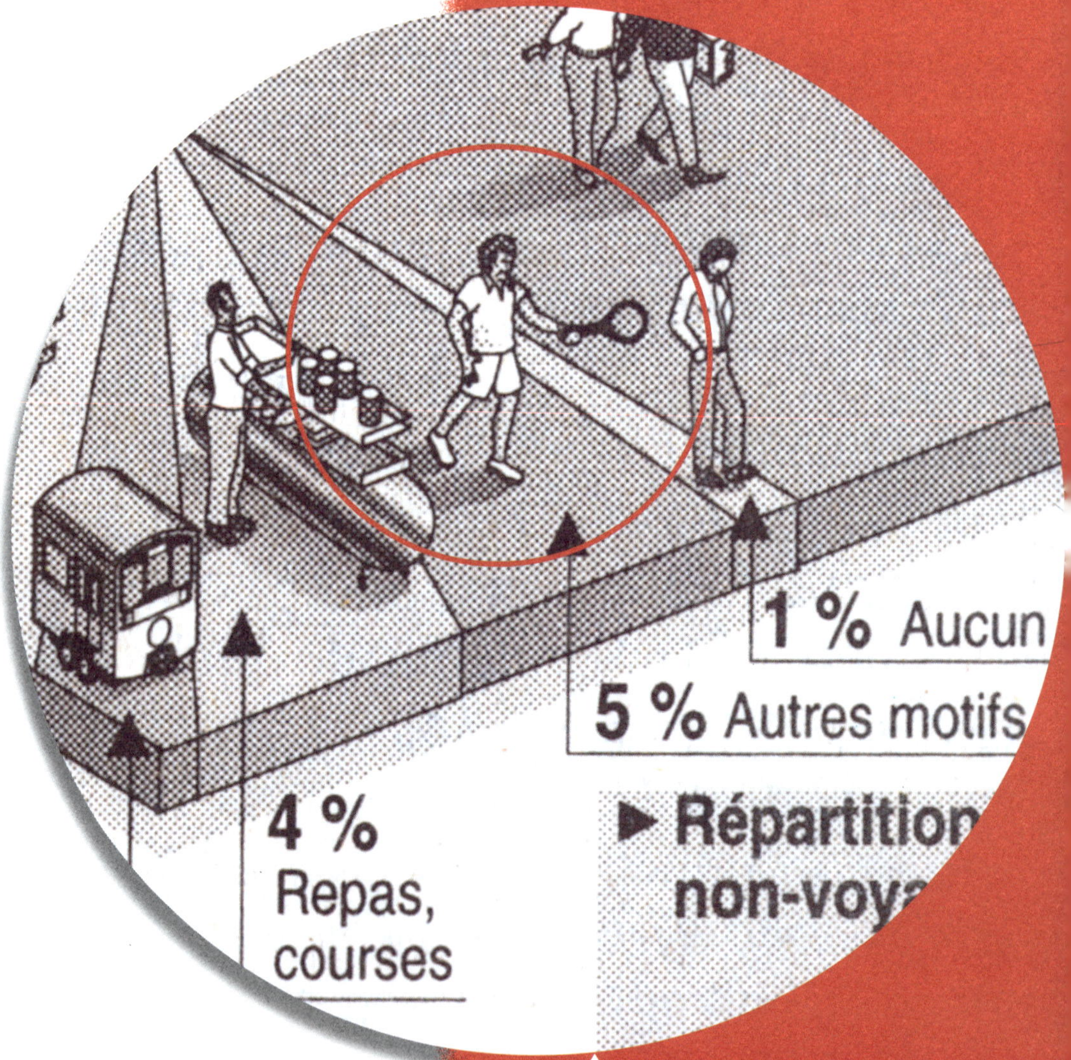

Solution :

Voir le dessin qui illustre 5% de ceux qui viennent pour un autre motif. Vous avez déjà vu des gens faire un tennis à la gare ?

Cherchez l'erreur

A vous de jouer !

Ce soir, sortez les bougies..

Le sacrifice n'est pas si énorme. Les organisateurs du "Jour de la Terre" souhaiteraient tout simplement que vous coupiez l'électricité ce soir entre 20h25 et 20h30. Il suffira d'enregistrer la fin de "Batman" pour vos enfants, de vous passer des derniers reportages de votre journal télévisé favori ou de reporter momentanément le découpage du gigot.

En France, la consommation électrique croît rapidement. Elle est de 40 TWH (1 Téra-Watt-Heure = 1 milliard de KWH) pour le chauffage électrique, de 10 TWH pour l'éclairage domestique, de 40 TWH pour les appareils électroménager, de 8 TWH pour la cuisson et de 16 TWH pour la production d'eau chaude.

En tout 114 TWH, un bon tiers de la consommation électrique, plus que l'industrie. Pour la petite comparaison, toutes ces petites consommations équivalent à la production de 16 réacteurs nucléaires.

Pour le "Jour de la Terre", réduire cette consommation relève du simple bon sens citoyen. La consommation a d'ailleurs tellement augmenté que la capacité de production s'épuise.

Deux choix se posent: économiser ou commander de nouvelles centrales. Les voisins européens ont opté pour la première solution, la France tergiverse. *"L'énergie qui pollue le moins, c'est encore celle que l'on ne consomme pas!"* lancent les organisateurs.

Conseils

Ces derniers vous donnent d'ailleurs quelques bons conseils. Un halogène de 500 W de puissance allumé quatre heures par jour pèse 450 F par an sur votre facture. Les lampes fluocompactes sont préférables aux ampoules à incandescence puisqu'elles ont une consommation cinq fois moindre.

Ne cherchez plus :

Dès le commencement, tout se complique : si l'électricité est coupée, comment le magnétoscope peut-il enregistrer "Batman" ?

SEAT

Partenaire de
l'A.S.B.O.
Du 11 au 15 avril
10*F
SEULEMENT
VOTRE PLACE
POUR LE MATCH
BEAUVAIS -
MARSEILLE
* Pour l'achat d'une Seat neuve

→ Axes Nord

Super-Méga-Réduc

Ça vaut vraiment le coup d'acheter une voiture à 80 000 francs !

A se prendre la tête (sous l'eau) !

Migraine-anti-migraine

Comme on dit à la Sécu : il peut arriver que le remède soit pire que le mal.

Imper-mouillable

Pour tous ceux qui mettent leur parka quand il pleut.

399 F

Parka homme Fresnes

DECATHLON

Tissu imperméable et coupe-vent, capuche sous col, intérieur de manches coupe-vent. L'eau rentre par les coutures après une forte pluie.

Composition : 67% polyester, 33% coton, enduction polyuréthane.

Doublure : 100% acrylique. Tailles : S à XXL. 3 coloris.

→ Extrait du catalogue Decathlon

SUMATRIPTAN : LE NOUVEL ANTIMIGRAINEUX ARRIVE ENFIN

Déjà commercialisé dans une quarantaine de pays, le sumatriptan sera prochainement disponible en France. En effet, après trois ans de négociations, un accord est intervenu entre le laboratoire pharmaceutique concerné et les pouvoirs publics. Ce traitement existera uniquement sous forme de piqûre.

Ses modalités de remboursement seront particulières. Prescrit pour des algies vasculaires de la face (douleur très aiguë autour de l'œil, d'un côté du visage), il sera pris en charge par la Sécurité sociale, mais pas en cas de migraines.

→ Top Santé

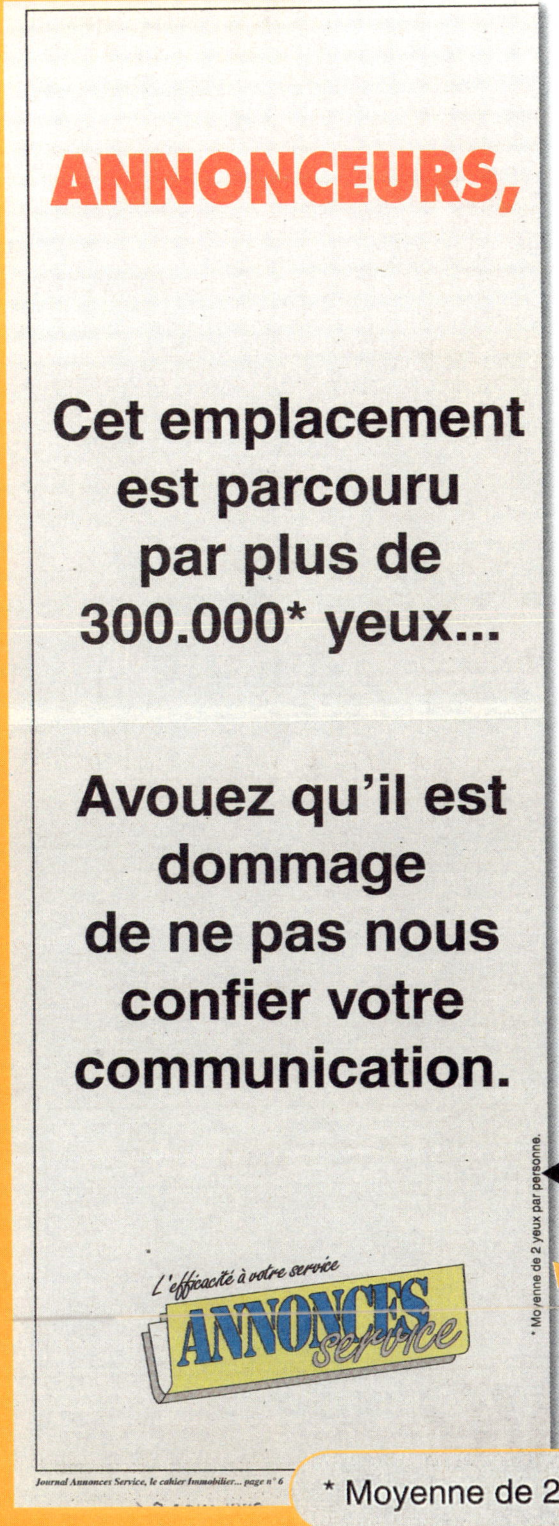

Double vue

Au moins, ils ne prennent pas de risques avec les statistiques officielles...

* Moyenne de 2 yeux par personne.

N° 26355
M. Ramambazafy Ralainony (Nicolas, Yves, Marc), né le 18 juin 1951 à Tananarive (Madagascar), demeurant 26, rue Ferdinand, Saint-Etienne (Loire), agissant tant en son nom personnel qu'au nom de son enfant mineur Hasinavalona (Mathieu, Yoshimura), né le 28 octobre 1989 à Saint-Etienne, dépose une requête auprès du garde des sceaux à l'effet d'ajouter à son nom patronymique celui de Ranavalonazafimanjaka, afin de s'appeler à l'avenir Ramambazafy Ralainony Ranavalonazafimanjaka.

N° 26353

→ Journal Officiel de la République Française

Nom personnel

Il faut savoir appeler un chat un chat.

Ça va mieux ?

Et dire qu'il existe une ville qui s'appelle Angoisse...

Philippe
MALAISE
Psychothérapeute
Sur rendez-vous
061/31.55.56
504027

→ Reflets (Belgique)

!

Prends ça dans ta gueule

Quel Blair !

Certes, ça s'appelle un blaireau. Mais est-ce une raison pour insulter le client ?

→ Photographie de l'emballage

Paris, le 21 Février 1994

SEDAO

OTRE NUMERO OFFICIEL DE SELECTION

ignette à détacher
t à coller sur
otre Titre
ersonnel de

92M/669607
LA VIEILLE Auberge
4 Pl de L'Eglise
Restaurant
95810 EPIAIS RHUS

BRAVO, LA VIEILLE
VOTRE NUMERO FIGURE DANS LA CATEGORIE
DES 3 PRIX LES PLUS PRESTIGIEUX !

Chers Messieurs LA VIEILLE,

Notre responsable Département Jeux vient de me communiquer à l'instant une nouvelle vous concernant personnellement que je m'empresse de vous transmettre sans perdre un moment :

Au Grand Tirage du Printemps,
Votre N° officiel de sélection figure dans la catégorie Prestige.
Permettez-moi de vous féliciter pour votre chance !

Oui, LA VIEILLE, comme vous pouvez le vérifier vous-même sur le document joint, votre numéro figure bien dans la liste de la catégorie la plus prestigieuse. Vous êtes donc qualifié de plein droit pour gagner l'un des 3 plus beaux prix !

Que diriez-vous de recevoir un appareil photo autofocus, une superbe montre chrono plaquée or ou mieux encore de partir pour une croisière de rêve en Méditerranée ?

.../...

Bien née

Au programme d'une conférence :

du grand prématuré
Professeur CALAME (Lausanne)
La place de la sage-femme dans la prise en charge du nouveau-né
Mme Y. IAKOUCHE (Sage-Femme, Marseille)
h 00 : Pause
h 30 : Les risques prévisibles et imprévisibles

→ Dépliant de la faculté de médecine de Marseille

Bien tapée

Voilà ce qui arrive quand l'ordinateur confond les enseignes avec les noms propres.

Cherchez l'erreur

A vous

Rustica HEBDO

COURRIER DES LECTEURS

Champignon des maisons

Nous habitons un chalet à 1 000 m d'altitude. Le local fermé en dessous de l'escalier est envahi par une mousse blanche, de 2 cm d'épaisseur. Elle pénètre dans le bois et le rend friable. L'hiver dernier nous l'avons traitée avec un fongicide, elle avait disparu. Elle est revenue sur les parties non traitées auparavant. Quel produit utiliser pour qu'elle parte définitivement ?

M. Vignon, 38 Grenoble

Ce champignon est la mérule, communément appelée “champignon des maisons”. C'est un des plus redoutables ennemis des constructions. Il attaque d'abord les bois résineux, puis les autres essences. Les principaux foyers sont les parties encastrées dans les maçonneries et toutes les pièces humides. La mérule émet des filaments qui humidifient les matériaux secs qu'elle peut ensuite attaquer. En début d'attaque, le champignon ressemble à une ouate blanche, épaisse et prend une teinte violacée en vieillissant. Les bois attaqués s'effritent. Vérifiez la construction pour remédier aux causes de l'attaque : l'humidité des toitures, les fuites, le manque d'aération des locaux. Enlevez les bois atteints et brûlez-les. Nettoyez bien les maçonneries. Effectuez un traitement avec un produit spécifique.

Ne cherchez plus :

Résumons : un lecteur écrit à Rustica Hebdo *pour savoir spécifiquement quel produit utiliser pour faire disparaître la mousse du bois. Après une assez longue réponse, le journal conclut :* „Effectuez un traitement avec un produit spécifique." *Oui mais c'était justement la question : lequel ?*

de jouer !

Cherchez l'erreur

EUROPÉENS ET AMÉRICAINS PRÉPARENT UNE MISSION SPATIALE VERS MARS

La NASA et l'Agence spatiale européenne (ESA) mettent la dernière main à la préparation d'une mission vers Mars, prévue pour l'an 2003. Ce sera la première depuis que les États-Unis ont envoyé deux vaisseaux Viking vers la planète rouge, en 1976. L'objectif du projet vise à examiner la structure interne, l'atmosphère et la composition géologique et géochimique de Mars. En outre, les spécialistes de l'espace entendent placer sur orbite autour de la planète un satellite et un réseau de laboratoires scientifiques.

Ce réseau permettra aux chercheurs de comparer les mesures réalisées en divers points de la surface de la planète. Le satellite, de son côté, servira aux missions de reconnaissance et à la retransmission des informations vers la Terre.

À l'heure actuelle, l'Europe, le Japon, la Russie et les États-Unis envisagent diverses missions vers Mars, la planète de notre système solaire qui ressemble le plus à la Terre.

E.T.

Ne cherchez plus :

Dans cet article sur les voyages interstellaires, admirez la signature de l'auteur.

Sortez couverts

La ville d'Amiens est riche de conférences culturelles. Celle-ci vaut le détour : l'horaire, le thème, en dépit de quelques précautions à prendre...

AGENDA

Conférence à partir de 2 heures du matin au cimetière de la Madeleine : « Nécrophagie, messes noires et pratiques sexuelles morbides dans les cimetières au XIXe siècle », par Mme Raymonde G. Se munir de torches et de préservatifs.
Visites guidées de la

→ Courrier Picard

Bouche bée

Le bimestriel Réussir votre Santé *sait comment guérir naturellement les blessures. Et même davantage...*

Drôles de produits

gularise la digestion et calme l'appétit.

En usage externe, il est conseillé d'appliquer l'urine sur les blessures: son pouvoir de cicatrisation est puissant et elle évite l'infection. Elle est aussi utile pour traiter les problèmes buccaux : gencives sensibles, décoloration des dents, mauvaise haleine.

Boire son urine amène chaque individu à modifier la relation avec son propre corps. Le dégoût de l'urine ne nous a été enseigné que

Supérieurement incapable...

...et c'est lui qui le dit !

■ JH 25 ANS étude Sup. ne sachant rien faire cherche travail sept. oct. avant service. Tél. 85.58.[redacted]

→ Dans un journal du Maine-et-Loire

Bébé sportif !

Quand un footballeur professionnel ne peut plus jouer, toute sa famille trinque avec lui...

Sammer : virus Le milieu de terrain de Dortmund Mathias Sammer, victime d'un virus, est indisponible depuis le 7 janvier. Il a repris l'entraînement jeudi mais ne sait pas quand il pourra rejouer. Touchée par le même virus, sa fille de deux ans, Sarah, a été hospitalisée une semaine. Elle est à présent guérie mais n'a pas repris l'entraînement.

→ La Gazette des Sports, Belgique

MARIAGES

S.O. **MEDECIN BIOLOGISTE** 31 a., 1,75 m, cél., charme incontestable (80 000 F/mois). Déterminé. Adore flâner en ville, renc. contr., amis, appréc. tennis, vélo, foot, déco. Sensib. à la beauté. Voudrait choyer dce compagne 25-30 a. fém. **Mme DESACHY 1/44.70.**[redacted].

→ Le Quotidien du Médecin

Quel charme !

Disons : hors de prix.

Armentières et Calais

Drogue et dealers dans les filets

Dans un autobus pour Folkestone

Vingt-quatre kilos de résine de cannabis ont été découverts dimanche soir à Calais dans les soutes à bagages d'un autobus se disposant à embarquer à bord d'un car-ferry à destination de Folkestone (Grande-Bretagne). La valeur à la revente de cette drogue est estimée à 500.000 F par les douaniers de Calais. Le bus venait des Pays-Bas, où la drogue a été vraisemblablement achetée. Aucun des passagers du bus, après la découverte de la résine de cannabis n'en a revendiqué la propriété.

→ La Voix du Nord

Quelle bande de lâches !

On se demande vraiment de quoi ils avaient peur...

EN BREF

EU

La journée nationale des personnes âgées est fixée au dimanche 22 octobre. A cette occasion, la municipalité et les membres du centre communal rendront visite à 11 h aux personnes âgées au pavillon Allard. Par ailleurs, ce même jour, le repas annuel offert aux personnes âgées sera servi à 12 h 30 au pavillon de Joinville. Les personnes ne pouvant se déplacer sont priées de venir s'inscrire à la mairie afin d'assurer un service de transport.

Quel accueil !

Forcément, les personnes valides vont rester clouées au lit.

Le poids des photos

→ Entrée d'un zoo en Guyane

Age mental ?

A la place des gendarmes, on serait vexé...

Machiné à la main

L'artisanat, une véritable industrie.

→ Sur une route du Finistère

En toutes lettres !

Sécurité routière

Inutile de perdre son temps en vérifications.

→ Sur une autoroute

Le temps de lire, mais pas le moment

Lire dans une librairie ; et pourquoi pas prendre un expresso dans un café ?

Gynécologique

Un hôpital avec des chirurgiens très habiles de leurs mains.

→ Au Mali

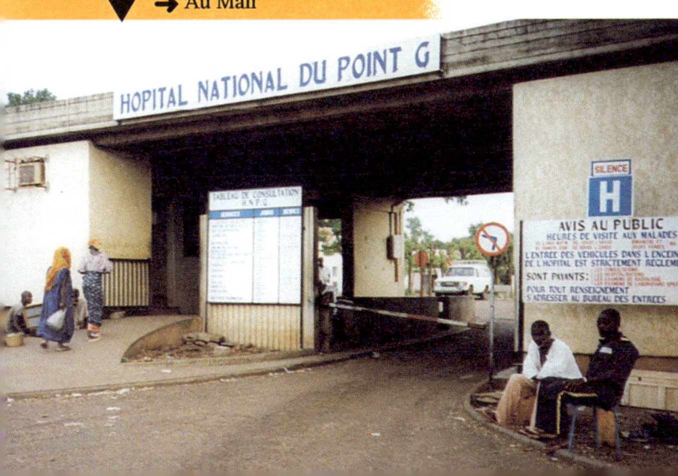

Lombaire ou l'on gagne

Avec ou sans, c'est le même effet. Mais pas le même prix, hélas !

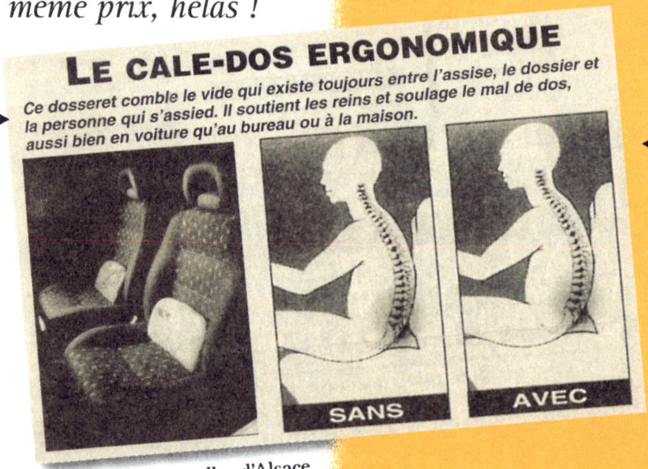
LE CALE-DOS ERGONOMIQUE

Ce dosseret comble le vide qui existe toujours entre l'assise, le dossier et la personne qui s'assied. Il soutient les reins et soulage le mal de dos, aussi bien en voiture qu'au bureau ou à la maison.

→ Dernières Nouvelles d'Alsace

Méconnais-sable Sophie

Comme quoi, deux personnes différentes peuvent avoir le même prénom.

La preuve par l'image !

Jumeaux parfaits

Effectivement, quand on compare les deux photos, les sosies sont même plus ressemblants que les vrais Beatles.

DIMANCHE
3
SEPTEMBRE

À L'ESCALE

A 12 heures :

REPAS DANSANT

avec l'orchestre polonais « HELENIAK »

ENTRÉE GRATUITE

A 16 heures :

SHOW ANNÉES 60

avec le groupe
"Yesterday"
sosies des "Beatles"

Pendant 3 heures, tous les tubes des Beatles :

HELP - MICHELLE - GIRL - ELEANOR RIGBY
YELLOW SUBMARINE - LET IT BE
GET BACK - ALL YOU NEED IS LOVE
HEY JUDE
IMAGINE - SGT PEPPER - LADY MADONNA - OBLADI ÔBLADA....

ENTRÉE GRATUITE

Cherchez l'erreur

A vous

Notice d'utilisation

PROFESSIONNEL

ALCATEL 2510 - 2511

Notez que la notice ne s'adresse pas à des amateurs !

de jouer !

1. Appel d'un correspondant

- Décrochez le combiné.
- Composez le numéro de votre correspondant en appuyant simplement sur les touches dans l'ordre des chiffres qui forment le numéro.

Si votre correspondant répond :

- Parlez.

Si votre correspondant ne répond pas :

- Raccrochez le combiné.

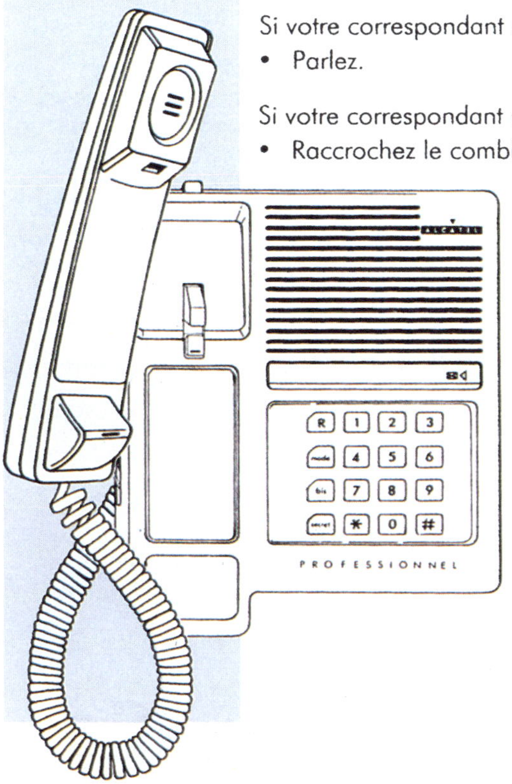

Ne cherchez plus :

...au cas où le mec soit assez con pour parler tout seul à personne !

Le choc des mots

LES PROPOS DU DAUPHIN

Humeurs

Le laxisme des parents fait peur à une de nos fidèles lectrice qui nous écrit de Seyssinet-Pariset. "Comme tous les jours à 7 h 45, j'emprunte la rue Pasteur pour me rendre à mon travail et comme presque tous les matins, je rencontre la même jeune fille de 16-17 ans qui marche au milieu de la rue".

"Je donne un petit coup de kaxon et lui fais signe de la main de monter sur le trottoir".

"Pour toute réponse, la jeune fille me fais un doigt d'honneur ! Je m'arrête pour lui demander d'être polie.

«— Va te faire foutre sale vieille c.. je t'emmerde ! »

Je suis allée voir les parents qui habitent ma rue. Réponse de la mère : si ma fille vous emmerde tant que ça, vous n'avez qu'à changer de rue. Pas un mot d'excuse pour cette grossièreté envers un adulte.

Cette scène ne se passe pas dans une cité défavorisée de banlieue, mais à Seyssinet dans la rue tranquille du Progrès. Je décerne le Dauphin citron à cette fille dont les parents, par leur laxisme, encouragent les enfants à ce comportement.

Le ministre veut réintroduire l'instruction civique. Les parents devraient être conviés aux cours. "

Anniversaire

Dans Le Dauphiné Libéré du

Emmerdant

La haine, c'est pas seulement dans le Neuf-Trois.

Questions d'éducation

Cynique...

...qui vient de "cynicus", autrement dit "chien".

Perdu Trouvé

Le 06/10 trouvé cable électrique EDF autour du corps de mon chat. Le réclamer 5 rue St Léger AMIENS.

→ Le Courrier Picard

Ont respirent

Et pour quoi pas un nez crie vin publique, pour édder les jourenaliste ?

CENTRE-VILLE

Le deuxième souffle de la rue de Nièvre

Après avoir était à bout de souffle, la rue de Nièvre respirent de nouveau. L'ouverture de commerces redonnent espoir à l'une des principales artères de Nevers.

BLAFARDE, glauque, livide. La rue de Nièvre à le teint d'une malade. Le diagnostic est imparable : les clients manquent.

les véhicules. Il en passe 15.000 par jour. A toute vitesse. Les gens ont peur de se promener. En plus, les trottoirs sont trop

→ Le Journal du Centre

● Camescope;le monsieur qui le voulait, il est toujoures à vous. Nous n'étiez pas au RV et le message sur mon rép. était destiné aux autres. - Tél. 61.78.[redacted]

→ Publi-Toulouse

RDV K7 VHS

Légère incompréhension avec ce message personnel. Au niveau du message. Et du personnel.

Goût amer

Après cette triste avalanche de faits divers, un terrifiant conseil aux parents.

Deux Rennais arrêtés après une course-poursuite

La voiture volée blesse un gendarme

Un gendarme a été blessé mercredi matin à Sainte-Luce, près de Nantes. Les occupants d'une voiture, volée à Rennes, lui ont foncé dessus à deux reprises. Les gendarmes ont tiré sur le véhicule qui a été découvert peu après. Deux jeunes Rennais ont été arrêtés à proximité.

Mercredi matin, des gendarmes en patrouille sur le secteur de la route menant de Nantes à Angers, sont alertés. Circulant à bord d'une Ford Escort break volée, deux jeunes viennent de commettre une grivèlerie d'essence à Oudon. La voiture, un véhicule de location immatriculé en Mayenne, a été déclarée volée samedi à Rennes. Elle se dirige vers Nantes.

A Carquefou, deux gendarmes s'installent à un rond-point et ralentissent la circulation. La Ford se présente à 10 h 35. Un des gendarmes se place devant elle pour la stopper. Le conducteur enfonce l'accélérateur. Le gendarme se jette sur le côté et évite le véhicule. Puis il tire à plusieurs reprises.

La Ford s'éloigne. Les gendarmes se lancent à sa poursuite. Les deux occupants de la voiture sont repérés à 10 h 45 et les deux mêmes gendarmes se placent à un autre carrefour. La Ford se jette dans le gueule du loup. Elle est bloquée. Le conducteur enclenche la marche arrière. Il repart à fond et donne un coup de volant. Il accroche un des deux gendarmes, âgé de 32 ans. Son collègue vise la voiture et tire.

Avec trois pneus crevés et le réservoir percé, la Ford roule encore et disparaît. Les gendarmes la retrouvent environ un kilomètre plus loin, abandonnée dans une impasse. Elle a été touchée par neuf projectiles.

Vers 11 h, deux jeunes ont été interpellés par une patrouille en bordure de la nationale 23, alors qu'ils marchaient après avoir traversé des champs. Agés de 17 et 18 ans, domiciliés à Rennes, ils correspondent au signalement. Ils ont été placés en garde à vue. Le mineur était sorti de prison récemment.

Et aussi

Langueux : dépouillée de 300 000 F

Une famille de Langueux, près de Saint-Brieuc, a été interpellée mardi par les gendarmes. Usant de l'ascendant exercé sur une octogénaire qu'ils avaient hébergée de 1993 à 1996, les membres de cette famille se seraient fait remettre de nombreux chèques pour une somme totale estimée aujourd'hui à 300 000 F. D'abord placés en garde à vue, ils ont été remis en liberté. Ils comparaîtront prochainement devant le tribunal.

Un bar saccagé à Saint-Brieuc

Deux frères éméchés et mécontents de n'avoir pas été servis ont saccagé un bar de Saint-Brieuc, lundi soir. Bouteilles cassées, tiroirs fracturés, portes endommagées, étagères renversées : pour le propriétaire de « L'Armorique », les dégâts se montent à plusieurs dizaines de milliers de francs.

600 pneus volés au Point S de Brest

Six cents pneus de voiture de tourisme ont été volés au magasin Point S de Brest dans la nuit de dimanche à lundi. Un travail de professionnels, selon les premières constatations. Un camion d'au moins dix tonnes aurait été nécessaire pour sortir les 35 m³ que représente un tel butin, évalué à 250 000 F.

Donnez le goût de la lecture à vos enfants

→ Ouest-france

Ça chauffe dans les campagnes

Lieu dit

Sans commentaire (je ne présente plus le journal du hard depuis longtemps).

➜ Seine-et-Marne

Lignage

Et pourquoi n'aurait-elle pas le droit de s'appeler ainsi ? Les Giscard d'Estaing ont bien acheté leur particule, eux.

➜ La France Agricole

Service trois pièces

Quand je pense qu'il y en a qui quittent la ville pour se calmer.

Le poids des photos

Question de vie ou de mort

→ A St-Mandé

Les vieux sont partout !

Quand Chirac part en campagne, ses plus vieilles militantes ne le lâchent pas.

Vive la vie ! Vive la jeunesse

Concours de beauté

Pas facile le métier de top model !

CASTING

La longue marche des mannequins

La célèbre agence Elite International a rencontré, hier, quelques jeunes girondines. Une présélection pour le concours Model Look

Elle attendent fébrilement leur tour *(Photo Daniel)*

→ Sud-Ouest

Tract officiel de la campagne présidentielle de 1995

Salbrie (Loir-et-Cher)

Avec l'âge, tout se coince

Et les chauds lapins, on les met dans des clapiers ?

Trop tard !

Effectivement, comme son nom l'indique.

Montréal

Le choc des mots

PARIS 16
2 pièces de 82 m²
EXELMANS
1.680.000 F
ANCIEN APPT CLAUDE FRANCOIS SJOUR 35M2
SDBAIN ELECTRICITE NEUVE 8EETAGE TERRASS
45M2 AU 9E TRES CLAIR VUE 360 EN TRAVAUX A
TERMINER :PEINTURE PARQUET VUE SUR TOUT
PARIS BALCONS CHAUFF ET EAU CHAUDE COLL
REF.EXELMAN
Tél.:01 42 15 [redacted]
PARIS LOCATION IMMOBILIER
PORTE DE SAINT CLOUD
PARIS 16

→ A vendre, à louer

Monsieur 220 volts

Vu le précédent occupant, encore heureux que l'installation électrique ait été refaite.

Mauvais plans !

Protection

C'est quand l'ouverture de la chasse dans le XVIe ?

Réf. 15593 - PARIS XVIème, rue Marbeau. Très beau 4 pièces en duplex, d'environ 117 m2 comprenant : une triple réception, une chambre, une cuisine équipée, une salle de bains, un wc, un très grand dressing. Double vitrage résistant à l'impacte des balles fusil, très calme dans immeuble pierre de taille. **2.000.000 F**

→ La Compagnie immobilière

Casse-toi ! Reviens !

En Egypte, l'inégalité des sexes perdure devant la loi. Et devant la fenêtre !

■ Un mari irascible qui avait, après quinze jours de mariage, jeté son épouse par la fenêtre du deuxième étage de leur habitation du Caire, l'a ensuite dénoncée pour « abandon de domicile ». Mardi 28 octobre, la jeune femme, souffrant de fractures multiples, sommée par la police de « remonter » dans l'appartement conjugal, a saisi la justice pour pouvoir rester un peu chez ses parents.

→ Le Monde

ARDENNES

FAITS DIVERS

Charleville-Mézières

Une explosion due au gaz pulvérise trois appartements à La Houillère

Une violente explosion a détruit hier matin trois appartements dans un immeuble de La Houillère. Des trois locataires sinistrés, deux étaient encore hospitalisés en soirée.

Les cloisons ont été littéralement pulvérisées.

Les appartements sinistrés se trouvent au premier étage d'un immeuble qui en compte quatre.

TROIS appartements situés au premier étage du 16, rue Jean-Mermoz, dans le quartier de La Houillère, ont été soufflés, hier matin, par une violente explosion due au gaz. Les trois locataires, Georges Bihin, 71 ans, Yvette Truy, 72 ans et Marc Gridaine, 74 ans, blessés par des éclats de verre ou simplement commotionnés, ont été emmenés au SAMU.

Après observation, Marc Gridaine est sorti de l'hôpital. Les deux autres victimes étaient encore hospitalisées hier soir.

La déflagration s'est produite vers 3 h 45. Selon l'OPAC, elle est d'origine accidentelle et l'organisme en rejette la responsabilité sur l'un des trois locataires.

deuxième sauveteur a tout fait pour la protéger de la chute des cloisons. La troisième personne est sortie seule avant de s'effondrer, commotionnée.

D'importants moyens

Lorsqu'ils sont arrivés sur les lieux, les sapeurs-pompiers ont rapidement évacué tous les occupants des appartements. Avec de petites lances, ils ont combattu le feu qui s'était déclaré dans les trois appartements du premier étage.

un groupe électrogène. Vers 5 h 30, jugeant la situation complètement maîtrisée, les sapeurs-pompiers ont autorisé les habitants à regagner leur logement.

Une femme, en remontant les escaliers pour rejoindre son appartement, a lâché, écœurée : « *Il y a deux ans, nous étions en travaux. Maintenant il va falloir recommencer* ».

Les combattants du feu ont continué néanmoins à veiller au grain. La police, l'adjoint au maire Pierre Pandini et les agents EDF-

→ L'Union

Monsieur Georges BIHIN ainsi que Mme Yvette TRUY remercient chaleureusement Messieurs Christian DEMARCQ et Fabrice PIERRE pour les avoir sauvé de leurs appartements lors du sinistre du 1er octobre, rue Jean-Mermoz, sans oublier les SAMU, la police et les pompiers.

Mme Yvette TRUY remercie particulièrement Mme CROUET pour son aide. Merci aussi aux personnes de l'immeuble, en particulier celles qui nous ont prêté des pantoufles.

Pas le moment de pantoufler

Suite à une explosion dans leur immeuble, des habitants remercient leurs voisins. Pour des motifs très variés.

Cherchez l'erreur

A vous

4 CONSEILS POUR GAGNER DU TEMPS

1 SOYEZ PRÉCIS:
– Ne faites qu'une chose à la fois.
– Avant de commencer un travail, évaluez le temps qu'il va demander, et tâchez de vous y tenir.
– Quand vous ouvrez un livre documentaire, sachez ce que vous cherchez; consultez d'abord l'index et le sommaire, de manière à aller directement aux pages qui vous intéressent.

2 DONNEZ-VOUS DES OBJECTIFS:
– Dans quel domaine voulez-vous progresser? Tenez-vous à améliorer votre allemand? Sur votre agenda, réservez un moment deux fois par semaine pour lire une revue allemande.
– Pour vous faire une «culture de fond», dressez la liste des livres que vous voulez connaître, faites votre programme, et notez sur votre agenda: mercredi 14 h, rendez-vous avec Jean-Paul Sartre.
– Préservez, envers et contre tout, votre quart d'heure quotidien d'exercices de clarinette ou de danse…

3 ÉVITEZ LES PERTES DE TEMPS:
– Limitez les conversations interminables entre copains, au téléphone ou autour d'un verre.
– Avec un programme de télévision, sélectionnez pour la semaine ce que vous voulez vraiment voir, et ignorez le reste.
– Utilisez les «temps morts». Pour les temps d'attente, de queue, ayez toujours sur vous de quoi vous occuper utilement: une liste de vocabulaire d'anglais, un poème à apprendre, un formulaire de physique-chimie, une bonne revue…

4 PROFITEZ AU MIEUX DE VOS JOURNÉES:
– Jusqu'à midi: moment d'efficacité intellectuelle, créativité. Attelez-vous aux «gros morceaux» (dissertations, problèmes ardus…).
– De midi à 15 h: baisse d'efficacité intellectuelle. C'est le moment de faire du sport, ranger, classer des notes, écrire des lettres…
– De 17 h à 21 h: nouvelle période d'efficacité. Apprenez vos leçons, relisez les cours de la journée, révisez…
– Après 21 h: préparez votre journée de demain; établissez votre programme, rassemblez vos affaires. Laissez un bureau dégagé, rangé. Revoyez vos leçons avant de dormir: le sommeil vous aidera à mémoriser.
– La nuit: le travail de nuit n'est souvent pas très efficace. Et il vous fait gâcher, par la fatigue, les bonnes heures du lendemain matin. Alors dormez!

PHOSPHORE LE MAGAZINE DES ANNÉES-LYCÉE

Ne cherchez plus :

Pour gagner du temps, inutile de lire leur conseil N°3 : „Evitez les pertes de temps." On s'en doutait un peu...

Cherchez l'erreur

VEGEBOM

Baume aux Huiles Essentielles

FORMULE

Eucalyptol : 2,416 g, Essence de Sassafras : 2,008 g, Essence de Cajeput : 0,805 g, Essence de Noix de Muscade : 0,160 g, Essence de Cèdre : 0,160 g, Camphre : 0,160 g, Menthol : 0,078 g, Huile de Laurier : 1,208 g, Chlorophylle (E 140) : 0,022 g
Excipient Q.S.P. 100 g.

PROPRIETES

Baume calmant et décongestionnant.

INDICATIONS

– Irritations de la peau : Démangeaisons, Piqûres d'insectes, Brûlures légères, Engelures.
– Douleurs musculaires bénignes.

CONTRE-INDICATIONS

– Ne pas utiliser chez les enfants de moins de 30 mois.
– Ne pas appliquer sur les lésions surinfectées.

PRECAUTIONS D'EMPLOI

Utiliser avec précaution chez les enfants en dessous de 7 ans.
Contient du Camphre.

EFFETS INDESIRABLES

Possibilité de réactions allergiques (rougeurs, démangeaisons).
En cas d'allergie à l'un des composants, arrêter l'usage du produit.

MODE D'EMPLOI ET POSOLOGIE

- Bien nettoyer la peau.
- Appliquer VEGEBOM avec le doigt ou avec une gaze et bien faire pénétrer par un massage doux et prolongé.
- Faire une application matin et soir et plus souvent si nécessaire.

CONSERVATION

VEGEBOM durcit au froid. Conserver à température ambiante et le cas échéant réchauffer à l'eau chaude ou dans la main.

PRESENTATION

Tubes de 45 g et 100 g

VISA PC N° 179 E 495

Notice pharmaceutique

Solution page suivante

Ne cherchez plus

VEGEBOM

Baume aux Huiles Essentielles

FORMULE

Eucalyptol : 2,416 g, Essence de Sassafras : 2,008 g, Essence de Cajeput : 0,805 g, Essence de Noix de Muscade : 0,160 g, Essence de Cèdre : 0,160 g, Camphre : 0,160 g, Menthol : 0,078 g, Huile de Laurier : 1,208 g, Chlorophylle (E 140) : 0,022 g
Excipient Q.S.P. 100 g.

PROPRIETES

Baume calmant et décongestionnant.

INDICATIONS

– Irritations de la peau : Démangeaisons, Piqûres d'insectes, Brûlures légères, Engelures.
– Douleurs musculaires bénignes.

CONTRE-INDICATIONS

– Ne pas utiliser chez les enfants de moins de 30 mois.
– Ne pas appliquer sur les lésions surinfectées.

PRECAUTIONS D'EMPLOI

Utiliser avec précaution chez les enfants en dessous de 7 ans.
Contient du Camphre.

EFFETS INDESIRABLES

Possibilité de réactions allergiques (rougeurs, démangeaisons).
En cas d'allergie à l'un des composants, arrêter l'usage du produit.

MODE D'EMPLOI ET POSOLOGIE

- Bien nettoyer la peau.
- Appliquer VEGEBOM avec le doigt ou avec une gaze et bien faire pénétrer par un massage doux et prolongé.
- Faire une application matin et soir et plus souvent si nécessaire.

CONSERVATION

VEGEBOM durcit au froid. Conserver à température ambiante et le cas échéant réchauffer à l'eau chaude ou dans la main.

PRESENTATION

Tubes de 45 g et 100 g

VISA PC N° 179 E 495

Solution :

Parmi les indications du baume : "démangeaisons." *Et parmi ses effets indésirables :* "démangeaisons."

A vous de jouer !

PAYE

LABORATOIRE FÉLIX-FAURE
Laboratoire D et A ARPINO
Société civile professionnelle de directeurs de laboratoire

D. ARPINO Pharmacien Biologiste - Ancien Interne des Hôpitaux de Lyon
A. ARPINO Pharmacien Biologiste - Ancien Interne des Hôpitaux de Lyon
Diplômé d'HÉMATOLOGIE - d'IMMUNOLOGIE et de PARASITOLOGIE
membre de la société française de biologie clinique

analyses médicales et biologiques

29, avenue félix-faure
69003 lyon
tél. 78.62.30.42
c.c.p. lyon n° 3149-60 w
enregistré sous le n° 69-64
siret 305 035 727 00018

métro garibaldi

Reference : 18/01/96-A-0050 - -

Lyon le Jeudi 18 Janvier 1996

CHIEN RUET LOUKA
[redacted]
69003 LYON

N O T E D ' H O N O R A I R E S

Veuillez trouver ci-joint les résultats de vos analyses biologiques.

Dés réception de votre règlement, nous vous ferons parvenir la feuille de sécurité sociale, nécessaire au remboursement de ces prestations.

Veuillez joindre ce relevé d'honoraires à votre paiement ou rappeler le numéro d'examen inscrit dans l'en-tête.

Avec nos remerciements, nous vous prions d'agréer Chien l'assurance de nos sentiments dévoués.

Détail de nos Honoraires

Prélèvement	:	
Déplacement	:	
Examens	:	
Examens transmis	:	113.40
Examens non remboursés	:	
Frais	:	
TOTAL DOSSIER	:	113.40
Réglé par un tiers	:	0.00
Montant à payer	:	113.40
Déjà réglé	:	0.00
Reste dû		113.40

payé CB le 27/01

Membre d'une association agréée par l'administration fiscale, acceptant à

Ne cherchez plus :

Sympas au labo Félix-Faure. Pour envoyer leurs honoraires, ils écrivent directement au chien Louka. Le toutou a même droit aux formules de politesse !

Motivations très particulières

Cochon-né

Où l'on comprend que les boules servent avant la naissance...

Tél. 04.67.59.00.70.18h.

CAUSE NAISSANCE vds boules de pétanque Obut 720g + cochonnet + housse comme neuve. Tél. HR. 04.67.03.[redacted].[redacted].

ACHETE CASH

→ Bonjour le 34

Soldes !

Couple cinquantaine souhaite divorcer à l'amiable, organise barbecue de brochettes, merguez, et invite hommes et femmes intéressés par un des membre du couple qui deviendra disponible fin juillet
Poser candidature au journal
Réf : K1403

Ménage à deux

Homme

■ H, 48, seul, cherche amie pour partage de la vie, lave-vaisselle accepte. Ecrire au journal, Alpes Annonces 26 rue Pasteur 05000 GAP. S/ref ALP 762

Entente muette

51 • Homme marié, 70 ans, aphone, cherche DAME pour amitié et plus si entente, à Reims. Écrire n° 16894 **l'union.**

→ L'Union

Savant calcul

Pour un couple qui veut tenir la longueur...

• JH 1m21 cherche JF 1m79 pour faire 3 mètres juste. 67 66 [redacted] Corum

4519 Etudiante cherche à dormir avec pers.agées 3 ans exp. rég.PAP-tél.97.[redacted] à ptr de 19h

→ France-Antilles, Guadeloupe

Tu vieux ?

3 ans, c'est peu à cet âge-là...

de suite. — APL, PFA900FREF3322 tél 02.37.21.14.14. 50112516

● LOYER GRATUIT À ÉTUDIANTE, de préférence à élève infirmière contre petits services. — Tél. 02.37.36.[redacted] CHARTRES. 50112473

● Loue APPARTEMENT 2 pièces, gara-

→ Cible, l'hebdo d'Eure-et-Loire

Echange

Petit service, grosse récompense ?

Inconnue

On ne sait pas qui c'est : elle a le nom d'une parfaite anonyme.

P.M.U. : merci papa !

sponsable du P.M.U. Christophe Gallais a remis symboliquement le chèque de 707 499 F à Stéphanie gue, la gagnante, souhaitant garder l'anonymat.

Branché

Tous les arguments sont bons, et le courant passe.

CLAUDE FRANÇOIS ELECTRICITÉ

CLAUDE FRANÇOIS

TOUJOURS BRANCHE
TOUJOURS A VOTRE SERVICE

28 40 57 08
télécopie 28 48 41 17
Le Panorama
59670 Cassel

→ Les pages jaunes

C'est pas du vol

Les papiers aussi sont refaits ?

HONDA MTS, très bon. état, moteur entièrement refait + papiers + perdu la clé de contact, à vendre 15.000 F. Tél. le soir au 02/358.[redacted]. PC 94133110

→ La Dernière Heure

Camping grand luxe

Petite annonce, rubrique d'hiver :

● Vds **TENTE CANADIENNE,** 5 pièces, avec chauffage central gaz, cave et grenier. Tél. 27.64.[redacted].

→ Allo...Sambre, Maubeuge

En mains propres

Ça vous dit vraiment de vous laver les mimines dans ce genre de sanitaire ?

Confort ! domestique

C / LAVE-MAINS

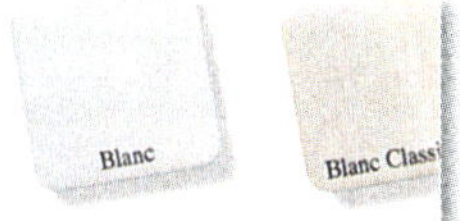

ous nos ensembles cuvette/réservoir de brication française sont proposés avec n équipement de chasse-d'eau, monté et sté en usine qui répond aux contraintes efficacité, d'hygiène, d'économie d'eau de silence de fontionnement nformes aux nouvelles normes.

NF A

350F

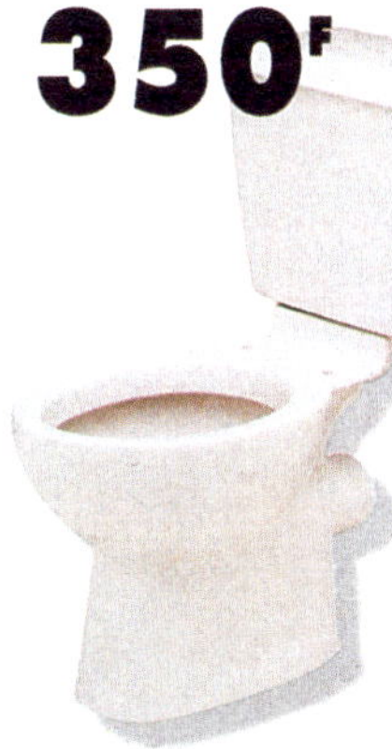

KEOPS

hoix import. Ensemble cuvette à sortie rizontale avec réservoir livré nu.

lanc
ode : M 27013 ________ **350F**

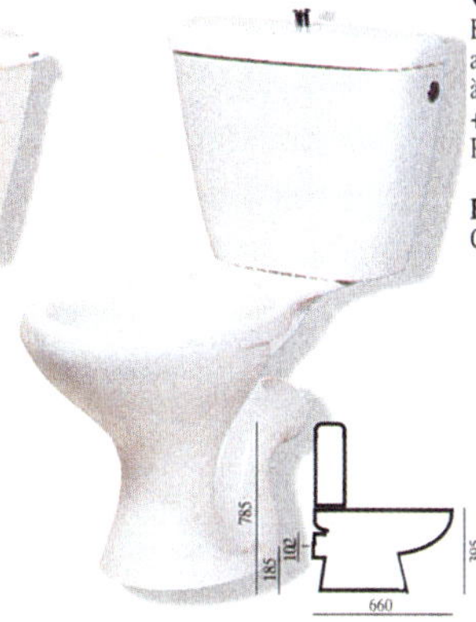

CABOURG

Ensemble cuvette à sortie horizontale avec réservoir équipé d'un mécanisme à tirette et robinet flotteur montés, + robinet d'arrêt chromé. Réservoir largeur 44 cm.

Blanc
Code : I 25868 ________ **650F**

TOURAINE

nsemble cuvette à sortie horizontale ec réservoir céramique équipé d'un écanisme à tirette et robinet flotteur isa 85 NF, + robinet d'arrêt. éservoir largeur 38 cm.

lanc
ode : G 6713 ________ **850F**
eflet Gris
ode : V 6716 ________ **1150F**
êche Dorée
ode : D 6717 ________ **1150F**
eige Bahamas
ode : S 52219 ________ **1150F**
leu Myosotis
ode : A 52220 ________ **1150F**

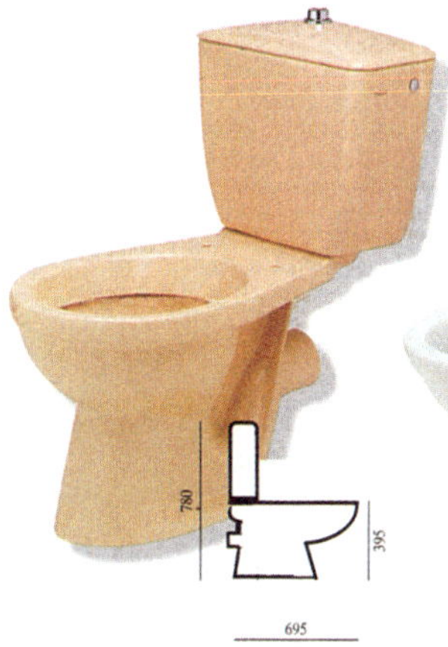

ELLIPSE

Ensemble cuvette à sortie horizontale avec réservoir équipé d'un mécanisme à bouton poussoir et robinet d'arrêt montés. Réservoir largeur 43 cm.

Blanc
Code : E 52230 ________ **1450F**
Reflet Gris
Code : O 52232 ________ **1750F**
Beige Bahamas
Code : J 52231 ________ **1750F**
Opaline
Code : T 52233 ________ **1750F**

MARLY

nsemble cuvette à sortie horizontale nctionnant à 6 L, avec réservoir ramique équipé d'un mécanisme encieux interrompable à bouton ussoir, avec abattant thermo-dur charnières invisibles. éservoir largeur 39 cm.

lanc
ode : D 27002 ________ **1950F**
eflet Gris
ode : I 27003 ________ **2450F**
eflet Rose
ode : N 27004 ________ **2450F**
paline
ode : B 52234 ________ **2450F**
andarine
ode : G 52235 ________ **2450F**
eu Myosotis
ode : L 52236 ________ **2450F**
agon Vert
ode : Q 52237 ________ **2450F**

EQUIPAGE

Ensemble cuvette à sortie horizontale avec réservoir équipé d'un mécanisme silencieux interrompable à bouton poussoir, avec abattant spécial équipage. Réservoir largeur 36 cm.

Blanc Classique
Code : V 52238 ________ **5190F**

→ Extrait de catalogue

Le poids des photos

Enfantins

Et gare au racket de charentaises et de Thermolactyl.

Ecoliers

Sûr que l'échéance approche à c't'âge-là.

Béziers

Mieux vaut tard que jamais

357 Magnum

Il rate sa balle au tennis ou au revolver ?

→ Photo prise dans la Somme

Félicitations

Il est des joies qu'il convient de taire...

→ Le Républicain Lorrain

Le grand sommeil

Apparemment, nos amis les clowns n'ont pas déridé tous les pensionnaires.

Dernier avis

Voilà ce qui arrive à force de trop se plaindre.

→ Dans un cimetière en Gironde

Cherchez l'erreur

A vous

Toute la météo par téléphone

36.70.1.2.3.4 : . FRANCE à 8 jours,
. ETRANGER à 5 ou 8 jours (selon destination),
. MARINE à 5 jours,
. DIALOGUE avec nos prévisionnistes

36.70.1.2.3.4

* 8,76 F/appel puis 2,19 F/mn

L'Echelle BEAUFORT

FORCE BEAUFORT	APPELLATION	VITESSE du VENT noeud	VITESSE du VENT km/h	POINTS de REPERE à TERRE
0	Calme	1	1	La fumée monte droit
1	Très légère brise	1 à 3	1 à 5	La fumée indique la direction du vent
2	Légère brise	4 à 6	6 à 11	On sent le vent au visage
3	Petite brise	7 à 10	12 à 19	Les drapeaux flottent
4	Jolie brise	11 à 16	20 à 28	Le sable s'envole
5	Bonne brise	17 à 21	29 à 38	Les branches des pins s'agitent
6	Vent frais	22 à 27	39 à 49	Les fils électriques sifflent
7	Grand-frais	28 à 33	50 à 61	On peine à marcher contre le vent
8	Coup de vent	34 à 40	62 à 74	On ne marche plus contre le vent
9	Fort coup de vent	41 à 47	75 à 88	
10	Tempête	48 à 55	89 à 102	Les enfants de moins de 12 ans volent !!
11	Violente tempête	56 à 63	103 à 117	
12	Ouragan	64 et plus	118 et plus	

Ne cherchez plus :

Vents de force 10, 11 et 12 : les "points de repère" font froid dans le dos (des parents).

de jouer !

Cherchez l'erreur

Découverte de la presse pour les écoliers

Une manière d'appréhender la lecture

Lundi, les petits de la classe d'adaptation de l'école Luzy se rendaient avec leur enseignante Mme Paitrault, à la maison de la presse pour découvrir la lecture d'une autre manière, tout en préparant la semaine de la presse du mois de mars. Les élèves rejoignent quelques heures par semaine Mme Paitrault afin d'aplanir quelques difficultés en lecture pour qu'ils puissent poursuivre une bonne scolarité.

Cette enseignante est spécialisée a niveau des écoles privées, et so temps est répartie entre Beaur paire (mi-temps) et les écoles d Saint-Etienne-de-Saint-Geoirs, Saint-Siméon-de-Bressieux.

Elle s'occupe d'élèves en cycle grande section maternelle CP CE1.

Quelle découverte !

Solution page suivante

Ne cherchez plus

Solution :

La solution se passe de commentaire écrit (je sais, je viens paradoxalement d'écrire cette phrase).

Cherchez l'erreur

A vous de jouer !

(photo JPO)

FROID

Ma voiture couche dehors, que faire ?

En cette période ou le thermomètre fait du yoyo, il faut mettre de l'antigel dans le moteur. A moins d'être un spécialiste, mieux vaut aller chez votre garagiste, car il faut vider le circuit d'eau et le remplir ensuite avec du liquide de refroidissement (oui, c'est ça qui empêche le gel !). Si vous devez aller passer un week-end au ski, là où il fait encore plus froid, faites vérifier au moins que votre moteur est bien protégé : le garagiste "pèse" l'antigel, pour déterminer jusqu'à quelle température va la protection, de - 10° à - 30°.
Les petits trucs de Roger Azcona, garagiste avenue de la Liberté : si votre titine dort dehors, mettez une vitesse et ne vous servez pas du frein à main : le câble du frein risque de geler, alors que pour la boîte de vitesses, tout baigne dans l'huile ! Et ayez toujours une bombe dégivrante dans la voiture, cela vous évitera de vous battre à coups de briquet pour dégeler la serrure ou de vous glacer le bout des doigts en dégivrant le pare-brise.

Ne cherchez plus :

Reprenons le dernier conseil : „Ayez toujours une bombe dégivrante dans la voiture, cela vous évitera de vous battre à coups de briquet pour dégeler la serrure." *Excellent ! Sauf que... si la bombe se trouve dans la voiture, il faut ouvrir la portière pour la saisir. Et pour ouvrir la portière, il faut déjà avoir la bombe en main...*

Ça mord !

Ça se pêche n'importe où une Volkswagen.

Cherchez l'intrus

JEAN-POL TAMINIAU

A la recherche de la dépouille

Ces nouvelles images qui reflètent le monde

Créées pour la publicité, les photos d'illustration faites avec des mannequins qui « jouent » l'actualité envahissent les « une » des magazines. Quatre groupes anglo-saxons se disputent le leadership mondial de ce marché

PARIS est la capitale mondiale de la photo de presse, avec trois agences – Gamma, Sygma, Sipa – dont les images de guerre et de sang ont raconté le monde des années 70 et 80. Aujourd'hui, ces structures artisanales sont en difficulté, tant la photo d'actualité – ce fut dit et redit après la mort de Lady Di – trouve moins sa place dans les magazines, au profit des portraits de personnalités. Ces trois agences sont surtout en passe d'être supplantées par de puissantes firmes britanniques et américaines, parfois cotées en Bourse, qui ont pour nom Getty, Visual, Image Bank, mais aussi Corbis, financé avec *« l'argent de poche de Bill Gates »*. Pour ces entreprises tentaculaires, l'image n'est plus un support d'information mais un produit de communication global, placé au cœur d'énormes enjeux technologiques et commerciaux.

Les grands reporters ? Ils restent les aristocrates de la profession, mais ils sont des dinosaures : les images qui gouvernent le monde, ce ne sont plus eux qui les prennent mais des adeptes d'un genre longtemps méprisé, la photo d'illustration. Jusqu'ici, la frontière était nette entre le marché des images publicitaires – mises en scène pour coller à la demande des annonceurs – et celui des images d'actualité, où le reporter enregistre en journaliste ce qu'il voit. Ces deux types d'images tendent à se confondre pour donner naissance à des visuels où le monde réel tutoie un monde virtuel. *« Dans les années 70 et 80, la publicité a voulu imiter la presse : maintenant, c'est le contraire »*, confirme Jacques Haillot, responsable de la photographie à *L'Express*.

Il suffit de regarder les magazines : l'actualité – emploi, chômage, immigration, environnement, santé – y est aujourd'hui traitée moins avec des images de presse qu'avec des illustrations rassurantes. Du nouveau-né au vieillard, de l'ouvrier au cadre dynamique, du chômeur à l'émigré de la deuxième génération, du lycéen à la femme arborant un téléphone portable, du sportif à l'employé de bureau qui a mal au dos, de la ménagère qui veut suivre une cure d'amaigrissement jusqu'à la famille moyenne française – couple souriant avec deux enfants (blonds), un garçon et une fille –, nombre de ces personnages qui animent les couvertures colorées sont des mannequins rétribués qui jouent un rôle stéréotypé, un archétype de l'Homme et de ses sentiments. Tous ces gens sont beaux, minces, heureux, bien habillés, *« positifs »*. Quant aux paysages, ciels, vêtements, intérieurs, villes, monuments, animaux, cet environnement humain est parfois retouché sur ordinateur pour que l'image globale, ainsi construite, colle à une information que le lecteur-consommateur devra rapidement assimiler.

Une des images les plus publiées a été construite par un photographe qui a déniché, quelque part aux Etats-Unis – *« il cache jalousement le lieu »* – une immense carte du monde imprimée au sol, sur laquelle il a fait marcher des « hommes d'affaires », a fait courir des enfants... Formidable symbolique du pouvoir. Comme le dit Alain Mingam, rédacteur en chef photo et grands reportages au *Figaro Magazine*, *« c'est comme Canada Dry. Ces images sont l'illusion du reportage »*. Et de prophétiser : *« A quand des sosies d'hommes célèbres dans les journaux ? »*

Constat alarmiste ? Constat réel, répond Alain Mingam, qui affirme que ces images fabriquées *« nées*

Toute personne qui se reconnaît sur une photo peut réclamer en justice quelques milliers ou dizaines de milliers de francs pour atteinte au droit à l'image. Avec son fameux *Baiser de l'Hôtel de Ville* – véritable icône de l'image d'illustration –, Robert Doisneau avait fait appel à des acteurs pour répondre à une commande de *Life* sur un Paris au bonheur retrouvé après les douleurs de la seconde guerre mondiale. Ce qui n'a pas empêché un procès retentissant intenté par des personnes qui ont cru se reconnaître. *« Nous sommes submergés par les procès »*, reconnaît d'ailleurs Marc Grosset, directeur de l'agence Rapho, qui diffuse, entre autres, le travail de Doisneau.

Nombre de magazines préfèrent donc recourir à des photos mises en scène avec mannequins, *« des photos protégées que l'on peut utiliser en bon père de famille »*, rigole Jean Morlay, directeur de l'agence Pix, gros pourvoyeur de photos d'illustrations. Nombre de lieux publics, typologies de personnages ou thèmes de société sont « interdits » au reporter. Ainsi, pour traiter l'islamisation dans les lycées

concurrence féroce que se livrent ses principaux producteurs mondiaux. Quatre firmes aux moyens sans limites ont développé, via des acquisitions de fonds d'archives, création de filiales, de secteurs visuels multimédias – archives historiques, photos d'illustrations, reportages d'actualité, films, dessins, animations – avec pour objectif de gagner *« le leadership mondial du contenu visuel »*.

Il y a d'abord la firme américaine Image Bank, créée en 1974, filiale de Kodak, qui annonce un chiffre d'affaires de 780 millions de francs. Face à ce pionnier, on trouve deux groupes britanniques de taille similaire. Getty Images, représenté en France par Fotogram-Stone, a acheté en 1995 Tony Stone (première agence d'illustration au monde), en 1996 le fonds historique Hulton (14 millions d'images) et, en mars, l'agence de presse new-yorkaise Liaison. Pour sa part, Visual Communication Group contrôle les agences françaises Pix et Giraudon et vient d'acquérir FPG, première agence d'illustration américaine. Au-dessus de son bureau, le patron de Pix-Giraudon, Jean Morlay, a

guerre David et Peter Turnley, les portraits de show-business de Lynn Goldsmith, les fonds de douze musées et d'une soixantaine de photographes dont Ansel Adams. 20 millions d'images en tout, dont 600 000 sont consultables sur Internet. Selon ses concurrents, Bill Gates aurait investi *« 250 millions de dollars »* dans l'acquisition d'archives *« pharaoniques »* qui ambitionnent de couvrir tous les besoins en images de l'Homme. Ils confessent que Corbis s'annonce comme *« un concurrent redoutable »*, mais pas *« encore opérationnel »*.

Ces considérations font sourire Charles Mauzy, directeur du développement de Corbis, qui annonce qu'*« après une phase d'acquisition de fonds la commercialisation est maintenant l'objectif numéro un »*. Notamment en s'installant à Paris avant la fin de l'année.

« Une chose est sûre, affirme Marc Grosset, *ces quatre groupes sont en train de transformer un secteur artisanal de l'image en marché industriel. »* La bataille est d'abord technologique. Ces groupes investissent fortement dans l'image

ment les meilleures, les plus demandées », affirme un directeur d'agence. Image Bank a été le pionnier, en 1982, dans ce mode de communication, imaginé pour les agences de publicité, mais que l'on [illegible] aujourd'hui en masse sur les rayons des rédactions. Le concept est intangible : classer les images en thèmes – les gens pay-

pour cerner le type de photos prisé[es] par le consommateur. La photo l[a] plus vendue au monde est celle de l[a] Terre vue d'un satellite. Nous savon[s] aussi qu'une personne âgée pré[-] sente un faciès différent d'un pays [à] l'autre car la langue parlée modifi[e] les muscles du visage. Nous e[n] tenons compte. »

COUVERTURES de magazines à l'appui, Dominiqu[e] Charlet, directeur de Foto[-] gram-Stone (Getty), confirme qu[e] les recettes de l'image d'illustra[-] tion doivent *« pouvoir s'appliqu[er] à la presse »*, qui représente dé[jà] 15 % de son activité. C'est un de[s] enjeux des années qui viennen[t]. Gamma, Sygma et Sipa ont é[té] toutes trois « approchées » par le[s] groupes anglo-saxons. Commen[t] ces agences de presse vont-elle[s] réagir ? Elles ont déjà développ[é] des secteurs illustration. Sipa di[s-] cute avec Corbis, Gamma est « [en] *contact* » avec Getty. Sygm[a] semble vouloir poursuivre seu[l] son chemin. Des rapprochemen[ts] pourraient être annoncés avant [la] fin de l'année. Mais peut-on all[er] contre sa nature ? *« On ne don[ne] pas dans le palmier et la minette s[ur] la plage*, explique Michel Cabell[...] directeur général adjoint [de] Gamma, *mais il va bien falloir no[us] adapter, puisque la presse ne f[ait] plus de différence entre une ima[ge] de coquelicot et la guerre en Tc[hé-] tchénie. »* L'agence américai[ne]

Black St[ar], un des emblèmes [du] photojournalisme, a déjà [jeté] l'éponge en ne faisant prati[que-] ment plus que de la photo pu[bli-] taire.

Reste une inquiétude part[agée] par beaucoup : ces to[nnes] d'images sont souvent interc[han-] geables et tendent à banalis[er la] photographie, à nier la no[...]

FOTOGRAM-STONE/YANN POCCINOTTI

STEVE MC ALISTER/IMAGE BANK

[illegible]AFFOLD/IMAGE BANK

PETE TURNER INC/IMAGE BANK

YELLOW DOG PRODUCTIONS/IMAGE BANK

Illustration

Article du Monde *sur les "mannequins qui jouent l'actualité". On ne trouve plus de photo de vrai président ?*

Transports scolaires : leçon de surréalisme

Des lycéens n'ont pas tout compris, hier. Habitant Lury-sur-Arnon, ils se sont retrouvés au fond d'un car voué au transport scolaire alors qu'il n'y avait justement pas de transport scolaire ce jour-là, le conseil général ayant suspendu les transports spéciaux sur les petites lignes pour les élèves qui devaient se rendre dans les établissements vierzonnais. Hier matin, le chauffeur d'un car de la société Cariane a pourtant été très prévenant. Il est passé à Lury-sur-Arnon pour dire aux élèves... qu'il ne passerait justement pas, enfin, il est passé pour dire qu'il ne s'arrêterait pas pour les embarquer.

Mais quelques élèves étaient déjà grimpés à l'arrière du véhicule et n'ont pas entendu le chauffeur annoncer la nouvelle. Le car a pris ensuite la direction de Cerbois pour dire aux élèves de cette commune la même chose. Arrivé à Cerbois, les élèves embarqués à Lury se sont aperçus un peu tard qu'il n'avait en fait rien à faire dans ce car. Celui-ci a fait demi-tour et le chauffeur les a ramenés chez eux avant de rentrer chez lui. Pas d'école donc, hier matin, mais une balade d'environ trente minutes.

→ Le Berry Républicain

Enseignement

Où est le problème ? Jarry et son royal Ubu sont au programme scolaire, non ?

!

En avant, toute

Veut plus avancer

Toutes nos condoléances au vendeur de mobylettes.

[redacted] **SAINT VENANT. – Collision mortelle.** Mardi, vers 22 h 30, sur la départementale 916, une collision entre une voiture et un cyclomoteur a fait un mort. Olivier T[redacted], 27 ans, de Longuevillette dans la Somme, se dirigeait vers Haverskerque au volant de sa voiture lorsqu'il percuta le cyclomoteur piloté par Thierry Jean, 30 ans, ouvrier, domicilié à Guarbecque. Le cyclo est mort sur le coup.

→ La Voix du Nord

Qui s'en doutait ?

Quand la SNCF demande aux voyageurs leurs idées pour améliorer le service...

longs »

« Il faut améliorer la vétusté des trains »

« Il faudrait prévenir à l'avance en cas d'arrêt imprévu »

« Le premier train est trop tôt et le dernier est trop tard »

→ Enquête publiée dans un document interne de la SNCF

Crevés !

Chez Nike, ils vous marcheraient dessus pour réussir.

→ Extrait du catalogue Nike

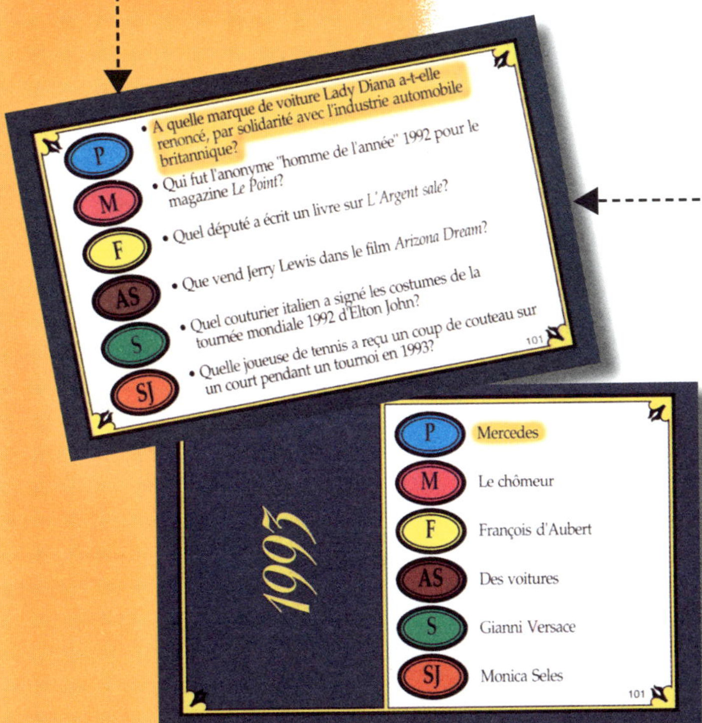

Renoncement

Cette carte de Trivial Pursuit ne recèle aucune erreur. Bien au contraire.

Trop fort !

Il y a des jours où on préférerait en savoir moins...

NB/SG
Stage : ***"Anglais"***
N° dossier : 82/960072

J'ai le regret de vous informer qu'il ne pourra être donné une suite favorable à votre demande de formation pour le motif suivant :

Vous n'avez pas réussi les tests d'admission (votre niveau est supérieur à celui des groupes).

→ Lettre d'un service de formation continue

Donné c'est donné

Ça a le mérite de la franchise :

Papa, 2 enfants (5 et 9 ans) à charge, cherche dons. Je ne sais pas si Dieu vous les rendra mais ne comptez pas trop sur moi. D'avance merci. CCP 17-10979-6.

→ Léman Express

ANPE ; Agence Nationale Pour l'Embrouille

Prisonnier du boulot

De la tôle chez les industriels, ça devient courant.

RUGET SA - PRÈS DE LYON (69) - ENTREPRISE DE MÉTALLURGIE

DIRECTEUR DE PRODUCTION AYANT DEJA FAIT DE LA TOLE...

Nous sommes l'entreprise RUGET SA, située à Chaponost (69) qui va réaliser 180 M.F. en 1997 avec 230 personnes, auprès de grands donneurs d'ordre pour des activités de Tôlerie Industrielle, Mécano Soudure, Peinture cataphorèse et liquide, et ce, pour les secteurs BTP, Machine-Outil, Industrie Électronique, Construction Informatique. Notre Groupe, à structure familiale, est constitué de 7 sociétés industrielles, proches géographiquement et aux activités très voisines (CA et effectif cumulé 96 : 351 M.F. et 450 personnes).

Nous vous proposons la responsabilité d'une vraie Direction de Production : garant de la productivité, de la qualité des produits et des délais, très proche des ateliers, gestionnaire et animateur des hommes, c'est-à-dire : les budgets de fonctionnement et tableaux de bord, les coûts, le prix de revient industriel certes, mais aussi l'organisation et l'animation des activités avec la maîtrise (optimisation des compétences, formation, relations sociales...).

A 35/40 ans maximum, vous êtes impérativement un bon technicien de la production, responsable de site et/ou d'unité ayant cumulé l'expérience de la fonction en grandeur réelle et pouvant le justifier. Ingénieur généraliste, ENSAM par exemple, ou autre. Nous voulons un vrai professionnel et non un amateur prétendant connaître le métier, quelqu'un qui a dirigé concrètement une production. C'est vous ? Votre CV + lettre manuscrite à Jacques-Yves LEONARDI, SIRCA Rhône-Alpes, 20 Bd Eugène Deruelle, 69432 LYON Cedex 03, sous la réf. 269 UN. Une définition de fonction précise vous sera adressée, si nous devons nous rencontrer.

SIRCA RHÔNE ALPES
ANTICIPER LA RÉUSSITE
MEMBRE DE SYNTEC

→ L'Usine Nouvelle

DEMANDES D'EMPLOI

ANIMATRICE PRÉVENTION

35 ans. Expériences en travail de rue et équipements sociaux : santé, logement, emploi, culture, médiation familiale. Formation D.E.F.A. Licenciée de la ville de Vitrolles. Recherche poste PACA-Pays de la Loire et Sud-Ouest. Écrire aux ASH qui transmettront. N°42-1549

COORDINATRICE

39 ans. DEFA. 14 ans d'expérience. Ex. coordinatrice de l'animation des 8 maisons de quartier Vitrolles. Recherche poste équivalent (coordination de secteur et développement social) dans collectivité publique ou association. Régions sud-est, sud-ouest. Écrire aux ASH qui transmettront. N°42-1552

AUXILAIRE DE PUÉRICULTURE

Diplômée. 7 ans d'expérience sur les crèches de Vitrolles. Cherche emploi sur la région. (crèche ou milieu hospitalier). Écrire aux ASH qui transmettront. N°42-1550

DIRECTRICE ÉQUIPEMENT

D.E.F.A. 14 ans d'expérience. Ex. directrice de maison de quartier de Vitrolles. Cherche poste équivalent dans le sud-est de préférence dans une structure institutionnelle ou associative ou C.E. Écrire aux ASH qui transmettront. N°42-1514

CADRE SOCIO-ÉDUCATIF

Homme 39 ans, licencié service vacances Vitrolles. Ayant effectué différentes missions dans l'animation socio-culturelle. Formation D.E.F.A. Recherche poste PACA. Écrire aux ASH qui transmettront. N°42-1521

RESPONSABLE SOCIO-CULTUREL

43 ans. Ex. directeur maison quartier Vitrolles - 10 ans expérience professionnelle en animation. Diplôme maîtrise lettres D.E.F.A. cours. Cherche poste responsable de structure socio-culturelle ou projet culturel ou interculturel. Langues arabe, espagnol, portugais parlées et écrites. Écrire aux ASH qui transmettront.
N°42-1522

RESPONSABLE

Gestion équipe pluridisciplinaire.
Professions socio-éducatives et de santé.
D.E.A. sciences de l'éducation/éducation familiale.

→ Actualités Sociales Hebdomadaires

Provenance connue

Il y a des jours où il ne fait plus bon travailler à Vitrolles.

RIZIERE en Sologne recherche 2 hommes grenouilles pour récolte de têtards, expérience exigée, pas sérieux s'abstenir. Ecrie au journal qui transmettra.

CHERCHE FEMME sérieuse aimant

→ VIP

Et non le contraire

Faut avoir l'esprit maternel, non ?

ASSEDIC

ANTENNE D'AGEN

Bienvenue,

ous serez appelé pour déposer votre dossier

Sous le numéro :

139

Il est 12:58, Le 20/11/96

Il y a 4859Pers. en attente.

Temps d'attente estimé : 6266mn

Asseyez vous à droite de la salle d'accueil

Courage, le 4860 !

Bah ! 6266 minutes, cela ne dure que 4 jours, 8 heures et 26 minutes...

Cherchez l'erreur

A vous

Toutes les formules sont prévues dans ce catalogue...

le jouer !

2690F*
Forfait 7 nuits
DE LYON ET MARSEILLE

SÉJOUR HÔTEL

LES 4 SAISONS★★★ Sup

DJERBA

SITUATION

A 25 km de l'aéroport de Djerba, l'hôtel Les 4 Saisons est situé au cœur de la zone la plus touristique de Djerba, à proximité du pittoresque village de MIDOUN (4 km) et 15 km de HOUMT SOUK, «capitale» de l'île.

CONFORT

L'hôtel offre sur 3 niveaux 280 chambres au confort agréable, vue mer ou vue sur un jardin tout récemment paysagé, avec 2 ou 3 lits (quadruple sur demande), salle de bains, W.C. séparés, balcon ou terrasse, téléphone. Chauffage individuel.
A votre disposition : salon-bar, coin télévision (liaison satellite), billard. Café maure. Bar-piscine, et buvette au bord de la plage. Boutiques : journaux, tabacs, artisanat et vêtements.
Pour vos repas : au restaurant, formule buffet. Barbecue (règlement direct).

LOISIRS

Accès direct à la plage : paillotes, chaises longues (à votre disposition), douches, wc.
3 piscines à débordement : 1 grande piscine de plein air (avec bassin pour enfants), 1 piscine abritée et chauffée et 1 piscine d'eau thermale sulfureuse non chauffée.
Gratuit : tennis (10 courts type becker : éclairage payant), ping-pong, mini-golf.
Avec participation : hammam, massages. Voile, planche à voile, pédalos, location de vélos. Equitation à proximité. Salle de musculation.
Animation : une équipe d'animation vous conviera à un programme de sports et de jeux : gymnastique, volley-ball, pétanque, jeux apéritifs et jeux de société... Dans la soirée, le bar-disco pour danser sur tous les rythmes. Soirée folklorique. Dîner aux chandelles, 1 fois par semaine.
INFORMATIONS PRATIQUES : Bureau FRAM, change, location de coffre et de télévision. Service de pressing (payant).
Cartes de crédit acceptées, Visa International, Master Card en règlement des extra et excursion (sauf change).
FÊTES DE FIN D'ANNÉE : repas spéciaux et soirées de Noël et Nouvel An inclus dans les prix.
Hôtel dirigé par M. GHARBI.

Confort	***
Restauration	***
Ambiance	***
Qualité/prix	***

OFFRES SPECIALES

(prestations hôtelières uniquement)

VOYAGES DE NOCES (effectué dans le mois qui suit la date de mariage) 10 % de réduction.

30 % DE REDUCTION pour 3e et 4e adultes logeant dans la même chambre.

PRIX PAR PERSONNE FORFAIT 7 NUITS (SAUF SPÉCIAUX) OU SEMAINE SUPPLÉMENTAIRE

Code : 4SAISONS	Détail plan de vol, validité transport selon villes de départ (voir p. 115)									
Pension complète débutant entre	PARIS NANTES	TOULOUSE	BORDEAUX	LYON	MARSEILLE (jeudi)	MARSEILLE NICE (samedi)	STRASBOURG LILLE LUXEMBOURG BRUXELLES	Semaine suppl.	Vue mer	Chambre indiv.
le 2 et le 5/11/95	2790	2940	3140	2890	2690*	3000	3440	1100	100	100
le 9/11 et le 14/12/95	2790	3340	3340	3040	2690*	3000	3440	1100	100	100
le 15 et le 17/12/95	2330[2]	3540	3540	-	-	3200	3640	1300	100	100
◆ le 21 et le 24/12/95	3690[1]	4220	4220	3920	3620	3880	4370	1880	150	300
◆ le 28 et le 31/12/95	3840[1]	4270	4270	3970	3670	3930	4420	1930	150	300
le 3 et le 7/1/96	3470[3]	3340	3340	3040	2740	3000	3440	1100	100	100
le 11/1 et le 11/2/96	2990	3340	3340	3040	2740	3000	3440	1100	100	100
le 15 et le 18/2/95	3040	3340	3340	3040	2690*	3100	3440	1100	100	100
◆ le 22/2 et le 17/3/96	3040	2840	2990[4]	2690*	2740	3000	3440	1100	100	100
le 21 et le 31/3/96	3340	3140	3290	2990	3040	3300	3740	1400	150	300

◆ Suppl. transport départs haute saison : voir p. 115

Taxes aéroport obligatoires : France + 21 F - Bruxelles + 90 F - Luxembourg + 60 F - Djerba + 35 F (via Tunis + 61 F)

Entre le 2 et le 5/11/95 de Toulouse, Bordeaux et Lyon : prix de base départ 5/11/95 par vols spéciaux directs.
Forfaits spéciaux sur vols réguliers ou vols spéciaux : (1) Spécial Noël-Nouvel An 6 nuits - (2) spécial 5 nuits
(3) Spécial 11 nuits.
(4) Départ Bordeaux le 23/2/96 (vols réguliers) supplément : 350 F.

Spécial Enfants

(prestations hôtelières uniquement)
BERCEAU GRATUIT et nourriture pour enfant de moins de 2 ans.
REDUCTION enfant de 2 à moins de 12 ans :
50% logé avec 2 adultes.
30% logé avec 1 adulte.
MINI-CLUB ouvert uniquement durant les vacances scolaires avec programme d'animation pour les enfants de 4 à 8 ans. Aire de jeux.

Tunisie 123

Ne cherchez plus :

Les tourtereaux en voyage de noces seront ravis d'apprendre que 30% de réduction sont offerts aux 3e et 4e adultes logeant dans la même chambre.

Le poids des photos

J'travaille, moi !

Tu as du boulot, d'accord. Mais ce n'est pas une raison pour narguer ceux qui n'en ont pas.

Moins vite !

Les chauffards savent ce qui les attend.

Bonne route

Permis de ne pas conduire

Qui a parlé de liberté de circulation ?

C'est pour quoi faire ?

Tant qu'à s'acheter un parking pour sa voiture, autant pouvoir l'utiliser.

Photo prise au Mans

Oh ! Oh !

Jean Jaurés et Emile Zola étaient déjà pris en centre-ville.

→ Extrait du catalogue
L'Outilleur Auvergnat

Bidonnage

D'accord cet aspirateur a une forme de bidon. Mais les gens du marketing auraient pu lui trouver un autre nom...

Bobo cucul

Advienne que pourra : les fondements de la politique sécuritaire.

Sports ! à risques

Plongeon interdit

Dommage, on voulait justement tester une figure : "le looping sur carrelage."

→ Photo prise en Inde

C'est étudié pour

Normal : mieux vaut s'entraîner au gymnase et garder le terrain pour garer sa voiture (puisque personne ne s'y entraîne).

Cherchez l'erreur

A vous

Pédagogique

Extrait d'un ouvrage de perfectionnement pour étudiants.

le jouer !

Testez vos repères...

1. Trouvez la contrepèterie suivante : «ce polisson est inquiet»

2. La métonymie est :
a- un écart de style fondé sur la substitution
b- un calembour composé de mots phonétiquement semblables mais d'orthographe différente
c- une image surréaliste

3. L'hémistiche est :
a- une répétition de phonèmes
b- un demi vers
c- une allégorie médiévale

4. La parataxe est :
a- un mot formé par l'amalgame de deux autres mots
b- une suppression de liaison entre les mots
c- un rythme de phrase

Ne cherchez plus :

Dès la première question, le ton est donné. La réponse est en fin de catalogue :
"Ce policier est un con."

Le choc des mots

Sommeil délicat

Faut toujours avoir une scie à métaux au cas où on se les coince...

En dessous de la ceinture, hélas !

FLASHES

Le Pontet : fâcheuse posture

Un pensionnaire de la maison de retraite "L'aquarelle" s'est retrouvé hier en fin d'après-midi en fâcheuse posture.

Une infirmière n'a en effet pas pu relever cet homme âgé de 90 ans qui dormait sur son siège. Elle s'est alors aperçu que le nonagénaire avait le testicule droit coincé dans une latte de la chaise en plastique.

Le personnel de la maison de retraite ne parvenant pas à "débloquer" la situation, il a été fait appel aux pompiers... qui sont parvenus, en douceur, à dégager l'infortuné en découpant la chaise avec une petite scie à métaux ; en moins de dix minutes, le tour était joué.

Un médecin du Samu a alors prodigué des soins au nonagénaire qui ne souffrait que d'une petite plaie.

Chaud derrière

Un pompier aurait-il été nécessaire ?

Le feu aux fesses

Une caissière de supermarché de Hindley au sud de l'Angleterre a affirmé mercredi avoir été brûlée au postérieur par la « *combustion spontanée* » de sa petite culotte. « *Tout à coup, j'ai senti une douleur piquante autour des fesses et j'ai pensé que j'avais été piquée par une abeille* », a déclaré Melanie Thompson, 25 ans. « *Je suis allée aux toilettes, j'ai enlevé mon uniforme et j'ai vu que ma culotte se consumait. J'ai essayé de la retirer mais elle était collée à ma peau,* » a poursuivi la jeune femme, qui a affirmé que l'incident lui avait laissé une cicatrice de plusieurs centimètres. La caissière a ramené l'objet du délit au magasin Marks and Spencer où elle en avait fait l'acquisition. Un porte-parole de la firme a estimé que seul « *un contact entre le vêtement et une substance acide* » pouvait expliquer l'incident. Une hypothèse fermement rejetée par la caissière, qui a reçu de Marks and Spencer un bon d'achat de 10 livres (100 francs) comme « geste de bonne volonté sincère ».

→ Le Provençal

Réincarnation

Dans la série "les hommes préfèrent les grosses".

Une éléphante, ça trompe énormément

Un sexagénaire qui tentait d'avoir des rapports sexuels avec une éléphante a été condamné à quinze ans de prison. Surpris à moitié nu, juché sur une caisse derrière l'animal, Kim Lee Chong a déclaré que l'éléphante était la réincarnation de sa femme, Wey. *"Je l'ai reconnue immédiatement à son regard grivois"*, a-t-il affirmé au tribunal de Pucket, en Thaïlande. (The Sun - Londres)

→ Courrier International

MAISON D'ANIMATION

Pour une meilleure connaissance de son corps

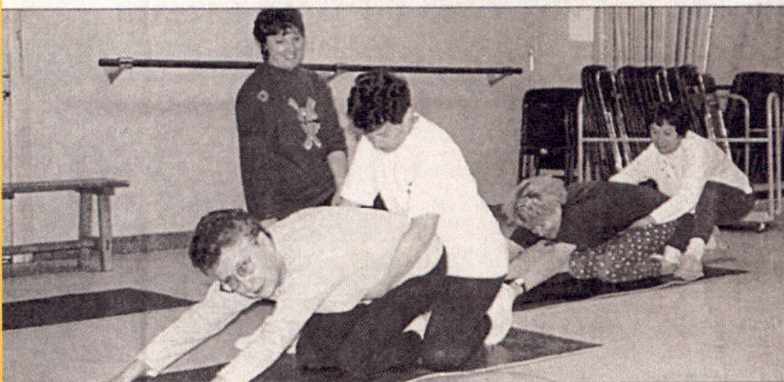

Un exercice qui se fait souvent à deux

→ La Tribune

Quelle animation !

On ne peut rien cacher à la presse.

Poivre...

Faut pas pousser

AVIS

ATTENTION !

En raison de la sécheresse

Ces toilettes seront fermées demain

Aussi, faîtes le maximum

AUJOURD'HUI

Faut pas pousser

Comme disent les agriculteurs : ça fait chier la sécheresse !

Besoins attendus

Les sanitaires, ça fait aussi partie de l'aménagement sportif.

Aménagement du terrain de pétanque

Le conseil municipal, réuni dernièrement, sous la présidence de Gérard Genty, a statué sur un certain nombre de dossiers. Voici l'essentiel de ses délibérations.

Commission sports. — Edmond Gagnard a présenté le compte rendu de la commission sports, qui a étudié sur place l'aménagement du terrain de pétanque : une surface de 340 m^2, éclairée par quatre ou six poteaux, sera nécessaire ; un abri d'environ 15 m^2, comprenant un bureau de 6 m^2, devra être implanté sur ce terrain ; les sanitaires du camping seront ouverts aux joueurs les jours de concours. Les responsables de la pétanque devaient faire connaître leurs besoins prochainement.

→ Le Journal du Centre

LES CONSEILS DES SPECIALISTES DE NOS QUARTIERS

LES LENDEMAINS DE FÊTES...

Les réveillons sont passés, les esprits sont clarifiés, le foie désengorgé.
La maison a subi le tourbillon annuel des festivités et quelques traces sont encore visibles sur la moquette du salon. Seules sont à redouter les taches de sang, d'urine et les vomissures qui, si elles n'ont pas été traitées immédiatement, risquent d'avoir décoloré la fibre de la moquette. A ce propos,

Après Noël

Pendant le réveillon, certains ne se sentent plus pisser.

Vive la famille !

Vraiment cuit

C'est vrai qu'il y a des gens qui vous chauffent...

■ VENDS MICRO ONDE MARQUE BRANDT - état neuf, servis trois fois, prix 2.500F vendue 1.800F, cause belle mère à la maison. Tél. 05.61.04.[redacted].

■ VENDS CONGELATEUR BAHUT - 280L, bon état, 450F. Tél. 05.61.02.[redacted] 05.61.65.[redacted].

➜ La rubrique des petites annonces

Journal du soft

Etrange. C'est peut-être une fois seul qu'on en a le plus besoin...

• A VENDRE CASSETTES VIDEO classé "X", 2 lots de cinq cassettes, cause divorce. Prix 100 F. S'adres. [redacted]

• A VENDRE RADIO double K7. Prix

➜ Pontivy Journal

MESSAGES

CHERS PARENTS, je veux une Playstation, vite fait ou je vous fais une vie d'enfer. Victor.

→ Rino

Ultimatum

Petite annonce passée juste avant les fêtes.

journal sous le n M060905.

MANIFESTATION Vous n'avez pas été invité au mariage de Louis et Nelly Toupet il y a quatre ans ? Nous non plus. Vous en êtes déçu, navré, choqué, indigné ? Nous aussi ! Vous voulez vous venger, salir leur bonheur, mépriser leur couple ? Nous encore plus ! Manifestons chez eux le 8 septembre 90 en exprimant notre indignation par un sourire narquois. Signé la Famille.

MARIANNE, LA DOUCE Nuit du

→ Libération

Lune de fiel

Nous non plus, on n'a pas été invités.

Bonne affaire

Ce club de sport propose des articles à la portée de toutes les bourses.

BOUTIQUE

Voici quelques prix pratiqués à la boutique des supporters :

✓ Tee-shirt supporters BCM	50 francs
✓ Autocollant BCM	5 francs
✓ Carte de supporter (avec tee-shirt)	50 francs
✓ Echarpe Supporters	50 francs
✓ Petit fanion BCM	10 francs
✓ Francine, secrétaire du club	1 franc

→ Les Infos du BCM

Moitié-moitié

Indispensable rectificatif :

Eurockéennes et SNCF

BELFORT.— La SNCF précise que les festivaliers qui désirent prendre le train pour se rendre aux Eurockéennes peuvent bénéficier de 50 % sur l'aller-retour de leur trajet et non d'un demi-tarif comme annoncé hier.

La SNCF explique : « *Sur présentation du billet d'entrée aux Eurockéennes, le festivalier obtiendra ce titre à tarif préférentiel, au guichet d'une gare SNCF. Le voyage aller-retour devra s'effectuer entre le 5 et le 11 juillet.* »

→ L'Est Républicain

Le monde est mal fait

On ne peut rien cacher à la sagacité des secrétaires.

DES HORAIRES MAL ADAPTES

S'ils se déclarent ravis d'avoir enfin leur propre bureau de poste, les Aixois des quartiers sud sont critiques envers les horaires choisis par la direction de la poste. Leur bureau ouvre de 9 à 12 heures et de 15 à 18 heures. *"C'est à dire qu'il ouvre trop tard pour les gens qui travaillent tôt* explique ainsi Annie Lubrano, aide-comptable, *et qu'il ferme trop tôt pour ceux qui travaillent tard. Et surtout, il reste fermé entre midi et deux, alors que les gens qui bossent auraient tout loisir d'effectuer leurs démarches".*

Une constatation confirmée par la mairie du secteur. *"Les gens bloquent les démarches. Quand la poste est fermée, on a personne, quand elle est ouverte, il y a foule dans nos bureaux* constate une secrétaire.

→ Le Provençal

Miam ! Crac !

Bonne nouvelle pour une dame qui avait découvert un boulon métallique dans un paquet de pain d'épice : le fabriquant lui a répondu.

Sévice Public

Guichet express

Personne n'attend devant vous : c'est pour ça que ça dure si longtemps...

SNCF

Direction de Toulouse

Bienvenue en gare de TOULOUSE

VOUS PREPAREZ
VOTRE VOYAGE

Vous serez appelé sous le numéro

822

Le 09/12/96 il est 11:27
Il y a 0 personne (s) en attente
Votre attente est estimée à 9 mn

A nous de vous faire préférer le train.

Céréal

établissements odouard frères

domaine de la "lombardière" /07100 annonay
tél. [redacted]

Madame DUPRAZ

[redacted]

69210 L'ARBRESLE

17 Mars 1987

Référence M.T. V/JS

Madame,

Nous faisons suite à notre dernier courrier en date du 11.03.87 où nous vous disions que nous intervenions auprès de notre Service Fabrication en BELGIQUE et que nous attendions leur réponse.

Nous recevons ce jour un télex de leur part nous donnant la précision suivante :

> **"La présence d'un boulon dans un Pain d'Epices au miel est une chose très désagréable.**
>
> **Nous-mêmes nous avons longtemps cherché ce boulon, car en effet, au moment de la mise en marche d'une nouvelle machine, on avait constaté le manque de ce boulon. Vu sa grosseur, on était certains qu'il allait bloqué la machine à trancher.**
>
> **Par la tranche que vous nous avez envoyée, nous constatons que le boulon était positionné d'une telle façon, qu'il nous a échappé.**
>
> **Veuillez accepter nos excuses pour cet inconvénient".**

Nous pensons que cet incident était tout à fait insolite et qu'une telle chose ne se reproduira pas.

Nous espérons que vous avez bien réceptionné notre envoi annoncé précédemment et que vous continuerez à faire confiance à notre marque.

Vous réitérant nos excuses,

Recevez, Madame, nos sincères salutations.

La Direction Commerciale,

EPI D'OR 1981 LA QUALITÉ INTERNATIONALE

"céréal" établissements odouard frères société anonyme au capital de 2.475.000 francs r.c. annonay b 788041663 c.c.p. lyon 3559-92

Cherchez l'erreur

A vous

EVEN

J comme Jumelage

Une délégation conduite par André LEJEUNE et Gérard ROUCHON, Président du Comité de Jumelage, s'est rendue à STEIN pour participer aux festivités des 700 ans de la cité allemande.

O comme Touri

une équipe et un au service du c touristique de la

P comme Parachu

Des Championn et nationaux qu l'économie locale GUERET.

Q comm j

foule des grands assister au tradit

Infos municipales

Le bulletin de la ville de Guéret nous apprend que Monsieur le maire fait beaucoup pour sa commune.

le jouer !

NTIEL

ce de

fficaces
pement

ique,
ie

gionaux
ipent à
sitivent l'image de

Quatorze
t

à Courtille pour
feu d'artifice.

T comme Téléthon

le défi de la générosité pour faire avancer la science. Les Creusois et les Guérétois se sont surpassés pour ce 10ème anniversaire.

U comme Unanimes

Ne cherchez plus :

Monsieur le maire en fait tellement qu'il est deux fois sur la photo avec les ballons.

La télé, ça détend !

Mécontent

Extrait du courrier des lecteurs de TV Magazine. *Parce que ça suffit comme ça !*

TOUT DE MEME...

C'est la 8e fois que je vous écris pour vous dire que j'en ai marre de ceux qui se plaignent des programmes TV ! Mais tout de même, j'ai aussi quelque chose à dire : j'en ai marre des films du genre « Les garçons de la plage ».

Melle Marie-Charlotte D. (Saint-Valéry)

Je me comprends...

Qui ? Quoi ? Comment ? Ne faites pas l'innocent...

Premier et dernier avertissement

La personne bien connue est priée de retourner à l'endroit où elle les a prises les engins en question.

Si cette personne ne tenait pas compte de cet avis, elle pourrait avoir de graves problèmes.

H.P.A.

→ Le Phare de Ré

Très mécontent

Encore le courrier de TV Magazine. *Suite à une lettre d'un lecteur, cette seconde lettre clôt bien le débat.*

A RALEUR, RALEUR ET DEMI

M. Jean N. (06670) vous écrit qu'il ne va pas vous écrire qu'il n'aime pas Pascal Sevran, tout en vous écrivant qu'il n'aime pas Pascal Sevran et en vous assurant qu'il ne vous écrira pas pour le critiquer (Pascal Sevran). Comme ce n'est pas la première fois que des râleurs vous écrivent (et sont publiés) pour vous écrire qu'ils ne vous écriront pas, et qu'ils ne râlent pas pour si peu, et qu'ils n'écrivent que pour râler contre les râleurs sans râler eux-mêmes, tout en plaçant leurs griefs pour exprimer qu'ils ne les exprimeront pas, je me contenterai de l'avoir constaté sans vouloir constater quoi que ce soit.

M. Johann S. (Manosque)

OFFRE SPECIALE ! Si votre commande nous parvient avant le 10/5/2002, vous pouvez bénéficier de notre proposition miraculeuse : pour l'achat de 3 CD-ROMs, recevez chez vous, **GRATUITEMENT** rien du tout, pas même le stylo-bille en plastique massif! Vous êtes adulte, nos prix sont bas : choisissez librement ce dont vous avez besoin, il n'y a pas de commande minimum! (juste de gros frais de port :-).

→ Dans un magazine d'informatique

Franco (de port)

Chez eux, au moins, pas de fausses promesses. Ni de promesses, d'ailleurs.

PONTIVY (63206040226)

JH 44 ANS TRES ECCLECTIQUE NON ARRIVISTE GRAND VOYAGEUR SIMPLE ET INTELLECT CHERCHE F OU JF ASIAT PREFERENCE NE REGARDANT PAS TF1 ET QUI POSSEDE UNE BONNE DOSE D'HUMOUR VOYAGE ETRANGER ET ANGLAIS INDISPENSABLE. ECRIRE AU JOURNAL N° M043/623 QUI TRANSMETTRA. (62307570498)

→ Extrait du Petit Quimperois

Elitiste

On peut être à la fois intello et sectaire.

Bon, j'attends toujours qu'on me dise pourquoi à 30 ans, je n'ai pas encore rencontrer la femme du restant de ma vie, car on dit qu'à la Réunion, il y aurait 3 femmes pour 1 homme, alors, qui c'est qui a piqué la mienne ? Réf. 460007.

J'ai cherché et je cherche enco-

→ Le Journal de l'Ile

Bonne question

Même en amour, il y a parfois des chiffres qui fâchent.

Le choc des mots

Le Noël des animaux

La SPA de Haguenau organise ce dimanche 10 décembre une journée «Noël des animaux». Le refuge sera ouvert à partir de 10 h jusqu'à 17 h 30. Cette journée sera l'occasion pour tous les animaux de se retrouver, de discuter en dégustant des gâteaux et en buvant un café ou un vin chaud.

Divers objets seront en vente et chacun pourra ramener des biscuits de Noël confectionnés par les déléguées.

Le refuge a besoin d'aides de toutes sortes; avec l'hiver à notre porte, des couvertures et des ront port

On ses Schi En un dédu

→ Dernières Nouvelles d'Alsace

Humain, trop humain

Et gare à l'alcoolisme du saint-bernard.

Ouaf ! Ouaf

Histoire belge

Il est bon que les lois prennent toutes les précautions.

ANIMAUX

▶ Les courses de chameaux et d'autruches seront bientôt interdites dans les rues des villes belges. Le ministre de l'Agriculture compte prendre un arrêté royal en ce sens bien qu'aucune de ces manifestations n'ait jamais été organisée en Belgique.

→ Le Parisien

Sciences naturelles

Cette cinquième question semble venue d'une autre planète.

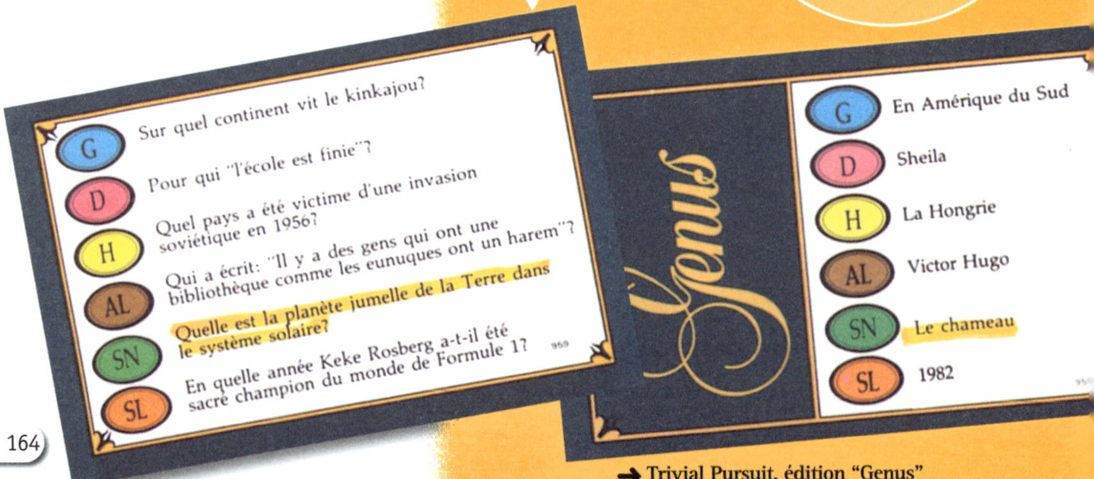

G Sur quel continent vit le kinkajou?

D Pour qui "l'école est finie"?

H Quel pays a été victime d'une invasion soviétique en 1956?

AL Qui a écrit: "Il y a des gens qui ont une bibliothèque comme les eunuques ont un harem"?

SN Quelle est la planète jumelle de la Terre dans le système solaire?

SL En quelle année Keke Rosberg a-t-il été sacré champion du monde de Formule 1?

Genus

G En Amérique du Sud

D Sheila

H La Hongrie

AL Victor Hugo

SN Le chameau

SL 1982

→ Trivial Pursuit, édition "Genus"

EN CAS D'URGENCE

decin traitant ou au au commissariat de police (tél. 58.05.52.52).
Infirmière : Alquier, 28, allées Brouchet, tél. 58.46.11,25 d'aujourd'hui 20 h à lundi 8 h.
Chirurgien-dentiste : s'adresser à son vétérinaire habituel.
Vétérinaire : s'adresser à son vétérinaire habituel.

Santé canine

Pourvu que votre animal n'ait pas une rage de dents !

INFO-SPA

Non à la déchatisation

Devant la disparition inexpliquée de nombreux chats, la SPA de Marseille-Provence s'élève contre les opérations de "déchatisation" qui sont signalées actuellement dans les copropriétés, les sociétés privées, les entreprises. Outre l'illégalité dans laquelle se mettent les exécuteurs - syndics, entreprises de nettoyage -, ces procédés sont dangereux et inquiétants.

Les chats disparus n'arrivent jamais dans les refuges de la SPA. Sont-ils tués ? Avec quels produits toxiques ? Quelle est la souffrance causée à l'animal et quels dangers les produits utilisés peuvent-ils faire courir aux enfants ?

Qui commande ces opérations de déchatisation ? Qui paie ? Nous, qui en acquittant les charges des copropriétés nous rendons complices des agonies atroces des chats disparus ?

Aujourd'hui, ces procédés sont d'autant plus condamnables que la prolifération des chats peut être endiguée par la stérilisation de la population animale. Limiter la prolifération peut se faire sans condamner à mort les animaux.

La SPA fait appel à tous les animaux pour que lui soit signalée toute opération de déchatisation. Quant à ceux qui se rendront coupables de ces actes, ils seront signalés à la direction des services vétérinaires assortis d'une plainte pour acte de cruauté envers animaux.

En collaboration avec

→ Le Provençal

Entraide

Les chats, il ne leur manque que la parole. Et un portable pour appeler la SPA.

Cherchez l'erreur

A vous

Un jeu d'astuce pour les enfants. Vraiment d'astuce. Vraiment pour les enfants.

de jouer !

Bingo Chess
Big Challenge With
Your Talent
Bingo Chess is a game for tow and a pet for all ages.

Each player takes his own chips and puts a chip into a slot of the panel in turn. then the one who first succeeds in placing 4 chessmen into a line (No. matter a row, horizontally, vertically or diagonally), is the winner of the game.

Have a challenge to our Bingo Chess, let it filled your daily life with more interesting, exciting and more entertaining. Give it a try, then you'll see - Good Luck to You.

Bingo Chess
- un jeu pour deux
Rassemblez le jeu et partagez les jetons.

Chaque joueur met à son tour un jeton dans une des fentes du panneau et celui qui arrive le premier à aligner 4 jetons horizontalement, verticalement ou en biais, est le gagnant.

Si jamais votre chien, vot re aspirateur ou bien, un bébé s' intéresseraient trop aux jetons, n'ayez crainte: nous avons ajouté quelques jetons supplé mentaires dans la pochet te.

Ne cherchez plus :

Quelle générosité ! Si jamais votre bébé avale des jetons, le fabriquant en a rajouté dans la pochette. Vous pourrez ainsi tranquillement continuer à jouer pendant que bébé s'étouffe.

Le choc des mots

Annie et sa sucette

Il faut le dire aux jeunes : le préservatif préserve de tout, sauf de l'amour. Et des caries, peut-être.

Les Rois du Marketing !

Double handicap

Unijambiste, c'est pas marrant. Mais c'est économique.

Une année par an

Ici on sait faire les comptes. Dans tous les sens du terme.

→ Extrait du dépliant des hôtels Ibis

Addition pipée

D'accord, ils annoncent gratos et c'est payant. Mais avouez que c'est donné pour 32,30 francs.

Vengeance

Et si on touche le quinté dans l'ordre, on se fait une bouffe pour fêter ça ?

BIENVENUE A CARREFOUR

CHALONS-SUR-MARNE

CITRON 1 KG		12,80
HUITRE DETAIL		84,40
TURLUTE GRATOS		32,30
****	TOT	129,50
ESPECES		150,00
A RENDRE		20,50
NB ARTICLE(S)	3	

11.11.95 10:24 0081 29 0065 108

MERCI DE VOTRE FIDELITE

TEL : 26.69.36.36

Gros besoins ?

Certains trouvent pourtant qu'il est à chier, ce couvercle !

➔ Extrait d'un catalogue

Pour ne pas tomber dans le panneau

Interdit obligatoire

Et il est évidemment défendu d'aller tout droit...

→ Sur une route du Maroc

Jésus, reviens !

150 mètres, pas exactement, ça dépend de la marée.

→ Vendée

Lamentation

On se demande qui est le plus atteint : le mur ou celui qui a mis la pancarte ?

➔ Tournai-sur-Dives

Facile d'accès

Désolé, mais le parking goudronné est réservé aux sportifs.

➔ Le Port de Saint-Cyprien

Orientation

Les chiens tenus en laisse doivent obligatoirement regarder vers la droite.

➔ Photo prise à Bruges, à l'entrée d'un monastère

A vous

MARDI 12 JANVIER 1999. CAHIER RÉGIONAL

Chutes de neige.

Nuit noire et flocons blancs

Autoroute coupée, trafics ferroviaire, fluvial et aérien perturbés, électricité et téléphone aux abonnés absents... Depuis dimanche, les flocons lourds et collants tombent sans relâche en Rhône-Alpes, brisant les lignes haute tension ou les arbres et ralentissant les transports. Les services de Météo France annoncent toutefois une accalmie pour aujourd'hui.

Finement sur le centre de la ville de Lyon, en gros flocons sur les hauteurs et dans la vallée du Rhône, la neige continuait de tomber hier en Rhône-Alpes. Toute la journée, le temps a été gris et froid avec des températures comprises entre 0° et moins 1° en plaines et moins 2° dès que l'on franchissait 800 mètres. Dimanche, la vallée du Rhône était déjà extrêmement perturbée par ces chutes d'une neige lourde et collante. Le phénomène se produit lorsque les flocons arrivent dans une atmosphère à température légèrement positive. La neige, plutôt que de rester fluide et légère, devient alors lourde et colle plus facilement aux arbres, voitures, fils électriques... Dans de telles conditions, le poids de la neige sur un câble tendu entre deux pylônes peut en effet atteindre celui d'une voiture. Alors les lignes cassent ou les arbres chutent, détruisant à leur tour des lignes électriques, entraînant des coupures d'électricité ou bloquant les routes et voies ferrées. C'est ce qui s'est passé dimanche et hier en Drôme - Ardèche et dans le Rhône, avec dans ce dernier département essentiellement des chutes d'arbres.

Aux Tourrettes, une commune située au nord de Montélimar, entre La Coucourde et Saulce-sur-Rhône, deux secteurs touchés par les coupures de courant, les habitants sont inquiets. "*Nous n'avons plus d'électricité depuis dimanche aux environs de 19 h 30. Pour le chauffage, nous avons un poêle à mazout, pour la cuisine, nous avons le gaz et, pour nous éclairer, les bougies. Mais nous manquerons d'eau dès cette nuit si le courant ne revient pas et nous avons aussi deux congélateurs remplis de victuailles qui vont être bonnes pour la poubelle*"... Lundi matin, cette famille a donc fait le tour des vendeurs et loueurs de groupes électrogènes pour s'entendre dire qu'il n'y en avait plus de disponibles. "*A 8 heures du matin,*

© BARRIER

Une neige lou

tout était déjà parti", s'
client. EDF ne pouvait no
tisfaire toutes les dem
groupes électrogènes et se
des groupes dans toute l
Plusieurs maisons de retra
effet dû être équipées en
dans la journée. Depuis c
les quarante pensionnai
maison de Saint-Georges-
en Ardèche étaient sans ch
n'avaient rien mangé de ch

Dans l'Ardèche et la D
milliers de foyers ont ain
vés d'électricité et parfois
téléphone. "*Il était 23 h*
manche quand nous avon

de jouer !

NE PEUT ÊTRE VENDU SÉPARÉMENT. | lyonnaise

collante tombant sans discontinuer perturbe sérieusement abitants de Rhône-Alpes depuis deux jours.

un sa- de rait ce. en ce he, la ins et des ri- de di- du

un grand claquement et la nuit s'est illuminée de lumière bleutée", témoigne une personne qui habite tout près de Saulce-sur-Rhône. La ligne haute tension s'était en effet affaissée. EDF déclenchait rapidement son plan d'urgence dimanche dans la soirée, mais hier, à 15 heures, 39 200 foyers étaient privés d'électricité et, hier soir, de nombreuses familles étaient encore plongées dans le noir, malgré les efforts de cinq cents techniciens présents sur le terrain et quatre hélicoptères. Les petites communes mais aussi les agglomérations de Valence, Montélimar, Dieulefit et Privas étaient touchées. "*Nous avons cherché à avoir des informations auprès d'EDF, afin de savoir quand l'électricité serait rétablie. On nous a répondu, sans rire, qu'il fallait que nous regardions la télévision, des communiqués étaient diffusés régulièrement*", relate une habitante de la Drôme, privée d'électricité et donc de télé, mais tellement heureuse de pouvoir encore compter sur son téléphone.

La Compagnie générale des Eaux s'inquiétait en outre, hier, en milieu

SUITE PAGE **5**

Ne cherchez plus :

Pour savoir quand l'électricité sera rétablie, EDF propose à ses abonnés de regarder les informations à la télé. Branchée au gaz ?

AIX

Le fugitif veut rentrer en prison

Evadé du palais de justice d'Aix-en-Provence il y a trois semaines, un jeune de 20 ans, incarcéré dans le cadre d'un affaire de vols à main armée, a voulu se constituer prisonnier à la maison d'arrêt de Luynes. Les gardiens lui ont demandé de se présenter aux "heures d'ouverture" de la prison...

EN PAGE 24, L'ARTICLE DE LUC LEROUX

Ecrou

La prison d'Aix c'est comme une boîte branchée : pas facile d'y entrer si on n'est pas invité.

Idée géniale

Comment n'y a-t-on pas pensé plus tôt ?

DEBAT

FAUT-IL FAIRE TRAVAILLER LES CHOMEURS ?

PAGES 4 ET 5

→ En première page du Parisien

On ne peut plus se fier aux escrocs !

Vraie-fausse imitation

La firme Lacoste fait face aux faussaires, ce sont ses cadres qui l'avouent :

çaise, Lacoste, fut victime des contrefacteurs sur une toute autre échelle : un «vrai» pour plus de cent faux ! « *En France*, ajoute Michel Rames, *nous avons déjà atteint un objectif primordial : plus aucun faux Vuitton n'est vendu dans des magasins, hormis les nôtres. Il reste un peu de vente à la sauvette, mais très marginale.* » En Europe aussi, communauté européenne aidant, la contrefaçon dimi-

→ Revue Aladin

L'homonymie était trop parfaite

Il y a des jours où l'on ferait mieux de rester chez soi. C'est ce qu'a du se dire, hier, cet étudiant bordelais, qui a singulièrement manqué de chance dans sa tentative de frauder la CGFTE. Pourtant, son système, si grossier fût-il, était fait pour réussir. La combine consistait en effet à ne pas prendre de ticket de bus et, en cas de contrôle, à présenter une carte de club où d'association pouvant servir de justification d'identité et sur laquelle le fraudeur avait inscrit un nom d'emprunt, pris au hasard dans l'annuaire. Dans la plupart des cas en effet, le contrôleur relève l'identité et envoie l'amende à l'adresse indiquée. Dans la plupart des cas mais pas dans celui d'hier.

Pris en flagrant délit de triche, l'étudiant a montré une carte de club de danse. Le nom qui était inscrit a étonné l'employé de la CGFTE. Le prénom l'a surpris. L'adresse a failli l'étouffer. le contrôleur après avoir demandé s'il s'agissait de la bonne adresse a alors dit : « C'est bizarre car nous habitons ensemble et je ne vous connais pas. »

Une chance sur 211 999, car le nom pris au hasard dans l'annuaire, à Bordeaux, était tout simplement celui du contrôleur.

F.P.

→ Sud-Ouest

Assurément impossible

Assurément pas possible

L'alibi du voleur... était un vol

Le 10 juillet 1994, dans le centre-ville de Reims, une dame est victime d'un vol à l'arraché. Interrogée par les policiers, elle reconnaît sur photo Karim Nouri, 25 ans. Interpellé quelques jours plus tard, le jeune homme va nier les faits. L'avocat raconte.

« Il a dit : c'est pas moi, c'est pas moi ! Par contre, je vais vous rapporter la preuve que ce n'était pas moi. Le même jour à la même heure, j'ai dérobé un sac à main dans une maison de retraite du quartier Wilson. Les services de police n'étaient même pas au courant de cette affaire. Ils ont téléphoné à la maison de retraite où ils ont eu confirmation du vol. »

Karim Nouri se défend d'une autre manière. « J'avais déjà de l'argent dans le premier sac. Pourquoi j'en aurais volé un autre ? »

→ L'Union de Reims

NTM

Nique ta mère, peut-être, mais faut d'abord prendre l'abonnement du même nom !

SNCF
VILLIERS/MARNE
CONTREMARQUE DE PASSAGE
UTILISABLE AVEC L'ABONNEMENT
MENSUEL N NICTAMERE

→ Ticket de train de banlieue

Sans muselière

On se demande encore qui était le plus féroce ?

Il lâche son pitbull et sa mère sur des policiers

■ Un jeune homme sans doute

→ La Dépêche du Midi

Ça change de Derrick !

J'entends des voix

Quand un médium prend contact avec les morts...

Voyant pas clair

Alertés par des riverains, les policiers ont interpellé, lundi vers 23 heures, un homme, âgé de 42 ans, qui tirait des coups de feu, faubourg du Moustier.

Conduit au commissariat, l'homme qui exerce la profession de médium a expliqué qu'il était entré en contact avec les morts qui lui ont demandé de tuer les esprits qui erraient sur son balcon. Prenant à la lettre ce message d'outre-tombe, il est donc passé à l'acte. Mais le médium devait également expliquer aux policiers, médusés, que ce n'était pas dans le marc de café ni dans une boule de cristal qu'il avait décripté le message de l'au-delà, mais après avoir bu deux bouteilles de Beaujolais. In vino véritas ?

Incisive

70 ans et toutes ses dents !

La septuagénaire mord sa voisine
Dix-sept points de suture !

« J'ai laissé mes dents dans le bras de la voisine. Je pense qu'elle va venir déposer plainte » : C'est ainsi qu'une septuagénaire de Leuc (Aude) s'est présentée en début de semaine à la brigade de gendarmerie de Carcassonne, informant les enquêteurs d'une histoire peu banale.

En début de semaine, la septuagénaire sort son véhicule de son garage, quand, sa voisine, avec laquelle elle n'est pas en très bons termes, l'arrose avec un jet d'eau. La vieille dame descend, s'en prend à la voisine.

Suit une brève lutte et, voyant qu'elle n'aura pas le dessus face à un adversaire plus costaud, la « mamie » plante allègrement ses canines dans le gras du bras de sa voisine. Bilan, attesté par un certificat médical : dix-sept points de suture.

→ La Dépêche, Tarn-et-Garonne

Il faut toujours enquêter à fond

Shocking ! La police britannique s'intéresse aux bonnes mœurs...

■ POLICIERS ZÉLÉS

Des fonctionnaires de la municipalité et de la police se sont rendus incognito à 17 reprises dans un salon de massage de Londres pour vérifier si ses activités étaient contraires à la législation. Leur zèle a coûté aux pouvoirs publics la bagatelle de 2 000 livres, se plaint un élu de Westminster. Ces clients un peu particuliers ont pu vérifier que les massages effectués par de jeunes femmes à peine vêtues étaient en effet contraires aux bonnes mœurs et à la loi.

→ Sud-Ouest

Bien essayé

Rappel : les tickets gagnants (avec 3 TV) rapportent de 100 000 F à 1 million.

◆ J'achète trois mille frs comptant les vrais tickets du jeu le Millionnaire qui portent les trois TV 42.27.[redacted]

Incroyable mais vrai !

→ Paris Paname

Hésitation

En dépit d'évidences qui sautent aux yeux.

Acharnement suicidaire

MANILLE. La police philippine hésite à considérer comme un suicide la mort d'un jeune homme de 29 ans retrouvé mercredi dans sa chambre par son frère la gorge tranchée, le pénis sectionné et les yeux arrachés dans son appartement de Manille. La mère du défunt assure qu'il s'est tué lui-même...

→ Le Dauphiné Libéré

Le poids des photos

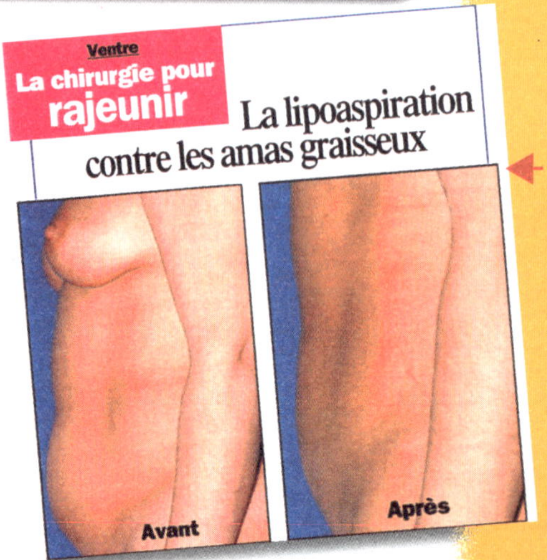

→ Femme Actuelle

Tout doit disparaître

D'accord la lipoaspiration supprime les amas graisseux. Mais pas seulement les amas graisseux, hélas !

Condition féminine

Avantageux

Autant dire que les gonzesses ne comprennent rien à la mécanique.

→ Extrait du catalogue Outiror

Brazzaville : un milicien cobra de Sassou Nguesso contrôle l'identité d'une jeune Congolaise.
(Photo AFP)

→ Dernières Nouvelles d'Alsace

Contrôle en profondeur

La jeune fille a ses papiers sur elle. Mais est-elle en règle ?

Ça fait beaucoup

Affiche d'un parcours de golf au Canada. Non classé X.

→ nb : la verge est une unité canadienne de mesure de longueur

Papa poule

Il y a des vocations inscrites dans les gènes.

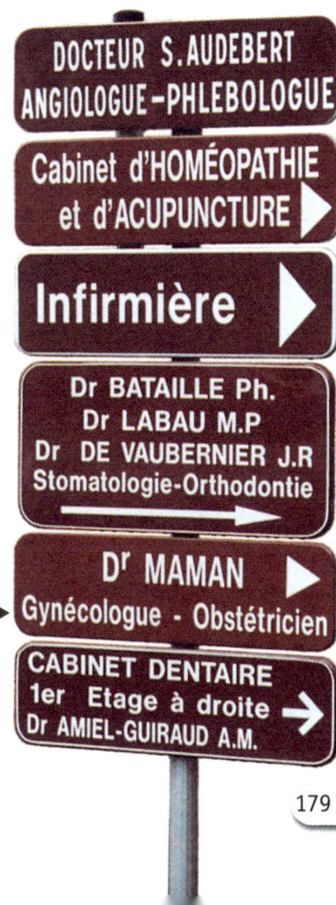

Inoxydable

Pourvu que les Ponts et Chaussées nous laissent ce splendide instantané de poésie.

Leur petite entreprise

Equatorial

Les pros de l'arrosage. Municipal, peut-être...

CLIMATOLOGIE

Prévoir pour mieux faire face aux cyclones

Les partenaires au sein du Plan de secours spécialisé « cyclone » ont tenu hier en Préfecture une réunion au cours de laquelle les activités de surveillance et le travail des équipes opérationnelles, en cas de fortes intempéries, ont été notés.

« Unir nos efforts et coordonner les activités des différents service de l'Etat et des collectivités locales » tel est le sens que le préfet de Région a donné à cette réunion. En présence des maires ou de leurs représentants, des responsables chargés du secours, de la Sécurité publique, Jean-François Cordet a rappelé que *« les citoyens sont devenus exigeants »* et donc, *« nous n'avons des obligations de ré-*

Jean-François Cordet a évoqué la nécessité de l'action des équipes opérationnelles sur le terrain.

→ France-Antilles, Martinique

Trois clones

Les responsabilités, ça peut donner la grosse tête.

Ça tombe à plat

Comme on dit chez les Schumacher : "Les cordonniers sont les plus mal chaussés."

→ Photo prise à Saint-Chamond

Bonne pâte

Paraît qu'à côté, on la retourne comme une crêpe.

→ Dans une boutique à Nancy

Le choc des mots

Excès de vitesse... en fauteuil roulant !

Une paralytique de 35 ans a été prise en flagrant délit d'excès de vitesse sur son fauteuil roulant, à Disneyland (Californie). Elle a reconnu avoir appuyé un peu fort sur l'accélarateur du fauteuil électrique pour essayer de doubler la parade du Roi Lion. Mais elle signale aussi que sa vitesse ne dépassait pas... 7 km/h. Le parc d'attractions a toutefois décidé de supprimer l'abonnement annuel de la jeune femme, prétextant que c'était la troisième fois qu'elle avait été surprise en train de faire la course.

→ Ouest-France

Récidive

Le cynisme, lui, ne connaît pas de limitations.

A ne pas lire

Lettre d'un lecteur qui n'aime pas les lettres de lecteurs.

HARA-KIRI ?

Je suis outré par la place de plus en plus importante que vous accordez au courrier des lecteurs. Si cet envahissement continue, il n'y aura plus de place pour les programmes... On se demande d'ailleurs pourquoi vous attachez tant d'importance à des missives aussi nulles, reflétant aussi bien le vide intellectuel que le désœuvrement de certaines catégories de gens. C'est pourquoi je réclame la suppression de cette rubrique ! Et j'espère que ma lettre sera publiée.

M. O. Reder (23 ans) de Valbonne

→ TV Magazine

Urgent !

DES LIVREURS MOTORISES

LONGJUMEAU - CHILLY MAZARIN (91)

Votre travail consiste à déposer CHAQUE NUIT le journal chez nos abonnés, AVANT 7 HEURES, du lundi au samedi
Adresses fournies sur listing

Vous aimez le travail de nuit, vous avez de l'organisation, et du dynamisme,
Vous aimez la pluie, le froid, et bientôt la neige. Vous saurez aussi bricoler votre voiture lors d'une panne imprévue, Vous saurez aussi vous occuper en attendant la sortie tardive du journal,

VENEZ NOUS REJOINDRE SUR LES ROUTES BANLIEUSARDES AMBIANCE ASSURÉE !

CONTACTER ENTRE 14 H ET 18 H
M. Manicone au 60 13 39 48

→ Offre d'emploi passée dans Le Parisien

Masochistes demandés

Y a pas que Churchill pour promettre du sang et des larmes.

...use gazelle, 30 ans,
. se faire dévorer par
sauvage, audacieux
ndre. ADL (réf. 166R)
Tél. 45.67.[redacted]

ataire, 27 ans, fraîche
olie, 1,67m, cherche
mme de ses nuits,
t brun, sympa, ou-
à toute proposition
onnable). M.C.D. in-
ents. ADL (réf. 327R)
Tél. 45.67.[redacted]

I. 50a, cadre, ch. M.
3a, bon poids, pied oeil,
lié, amitié et + we,
ge. 43.71.[redacted]

I 30 ans recherche ren-
re sympa avec JH
) ans. 48.06.[redacted]

, 36a sympa, bien phys.
e situation sympa rech.
5/30a pour relation sé-
e. 46.03.[redacted] ap. 20h

oquer la vie à pleines
ents, séduire, désirer,
à ce que souh. partag.
de 24a, avec H. subtil
authentique qui sera
amant, son confident,
travers d'une relation
pleine de charme et
crets. (Contact 2870)
e au jnal réf. P0023311

ide et capricieuse à la
s, moi, superbe jeune
me de 28 ans, cherche
me gourmand pour boi-
e calice de ma sensua-
, dans fougues, émo-
s et tendres repos (dis-
on assurée) (D5080 RED)
e au jnal réf. P0023326

H 30a. ch JH de 18/22a.
moments sympas et
ables. 43.70.[redacted]

el H distingué, 70a pro-
aire immobilier épouse-
F cultivée âge indiffé-
. 40.33.[redacted]

Homme 50 ans, infatiga-
recherche jeune femme
e, très motivée pour re-
ns intimes.
re au jnal réf. SC123064

Homme 55 ans recher-
femme simple pour ami-
et plus si entente. An-
ce sérieuse.
ire au jnal réf. SC123084

k mannequin, 28 ans,
ant tous les regards,
uisante, pulpeuse, ai-
t allumer les passions
ide s'abstenir) désire
s'engager dans rela-
coquine et ss tabou
c homme libre ou pas.
L (Réf. 178M)
46.05.[redacted]

F 36a ch. H pr amour
dre qui remplisse de so-
la pensée et le regard.
on ego s'abst.
ire au jnal réf. SC123109

SOIN DE QUELQU'UN,
VIE DE QUELQU'UN
UR UN WEEK-END,
UR UN MOIS OU... +
CORE 48.01.[redacted] FIRE

Médecin Paris grand
recherche pour union
able JF blonde grande.
re au jnal réf. SC123303

de qualité. Tél. 39.24.[redacted]

Frémissante de sensualité, douce, caressante, 31a, souh. renc. H. sensuel et doux pour plaisirs partagés (VH 9451) 48.01.[redacted] Fire

Homme, bijoutier suisse, 1,87m, offre à femme libérée, ambitieuse aimant standing et bienfaits de l'existence, de tout partager dans complicité intelligente et harmonieuse sur Paris. 40.25.[redacted] RED (R3440)

Veuf, 61 ans, retraité technicien, chaleureux, attentionné, aisé, voiture, ch. amie simple. CAR 43.21.[redacted]

BABETTE, splendide JF, 30a, aimant tailleurs et talons aiguilles, aimerait faire découvrir son décolleté à monsieur ayant imagination et goût de plaisirs raffinés. (CRP508/2) **42.56.[redacted]**

Sexy et libérée, très belle Brésilienne de 25 ans, 1,75m, une peau douce et chaude, cherche homme brûlant de désir pour soirées intenses et grands moments magiques. (CRP 542/2) **Tél. 42.56.[redacted]**

Paradise 20 % de temps de rencontre en plus si vous adhérez en décembre. **48.86.[redacted]**

Elle est belle, 30 ans, elle attend l'hom. le vrai, celui qui la fera chavirer de son train train quotidien en manque de nouvelles émotions, chaudes et torrides. ADL (réf. 297R) Tél. 45.67.[redacted]

Naïve et candide JF 22 ans, brune aux yeux de biche couleur émeraude, longiligne aux attaches fines, recherche hom. mûr, presque paternel, pour relation douce et câline. ADL (Réf. 209M) 46.05.[redacted]

◆ **Willem cherche garçons ou filles 18/20a très très cools. 43.74.[redacted] 24h/24**

Mystérieuse Eurasienne, souh. dévoiler ses charmes à un H. sachant savourer le délice de l'amour. (VH 9435) 48.01.[redacted] Fire

JENNA, JF blonde aux yeux bleus, très audacieuse, aimerait croquer délicieux instants avec H. mûr, séduisant et imaginatif. (CRP512/2) **42.56.[redacted]**

MYSTÉRIEUSE et élégante JF, libre, raffinée et sexy, regard envoûtant, courbes prometteuses, rech. un H. mûr et raffiné pour moments forts hors du commun. (CRP504/2) **42.56.[redacted]**

Affolante et séduisante F. 40 ans, des yx de chat, mal accompagnée dans son quotidien, désire s'évader discrètement avec hom. même situation pr rencontre plus que discrète. ADL (réf. 55R) Tél. 45.67.[redacted]

◆ Fonct. ss charge, 55a, affect., câlin ch. F. 50a maximum douce pr union dur. 44.93.[redacted] M8h à 10h soir 21h

◆ 75 Gare Est, prof. libér, H 54a, 1m82, 120kg, renc. JF bonne éducation, charme ouvert d'esprit. Tél. après 18h 40.36.[redacted]

Retraité SNCF, 68 ans, sportif, sobre, non fumeur, ni coureur, ch. amie gaie et spontanée. CAR 43.21.[redacted]

Chute de reins affolante, yeux de braise, bouche sensuelle, sulfureuse JF brune, souh. rencontrer H. vrai et audacieux pour relation ss tabous. (CRP523/2) **42.56.[redacted]**

Vous avez vos rêves. Vous avez vos fantasmes. Nous avons des réalités plus que discrètes. Votre club de rencontres ADL Tél. 45.67.[redacted]

Pretty woman, espiègle, sauvage et audacieuse, prête à exaucer tous les désirs, recherche désespérement l'homme viril qui la conduira sur le bd des fruits défendus. ADL Boulogne (Réf. 123R) 46.05.[redacted]

◆ H 36 ans 1m81, 73kg, fonct., phys. agréab., dés. lier, amit., voir rel. dur. avec F 23/36 ans plut., mign. 46.26.[redacted]

◆ **Géraldine rech. femmes ayant connu Jean-Paul Azuelo. C'est pour ma petite, merci pour elle. Discrétion d'honneur ass. et forte récompense.**
Écrire au jnal réf. SC122727

◆ **Serez-vs ds la hotte du père Noël ? F. 49a 1m68 et sup. vs esp. pr compl. amoureuse dur.**
Écrire au jnal réf. SC123050

◆ Janine je sais que tu lis ces lignes, je suis en bas, j'ai oublié les clés viens m'ouvrir.

Terriblement excitante, t. belle F. brune aux formes voluptueuses, coquine et câline, ch. à être capturée par un H. gourmand et avide de plaisirs. (MBA 3216) **42.46.[redacted]**

Situation top niveau, excel. qualité de vie, 47a, industriel, courtois, souh. renc. F. ayant charme et finesse d'esprit pour complicité féerique, somptueuse et privilégiée. (Contact 2146) 44.25.[redacted] Age et situation indifférente

Jolie fille des îles à la peau ambrée, mélange de douceur et chaleur, corps superbe, désire voluptueux contacts avec H. avide de plaisirs. (VH 9444) 48.01.[redacted] FIRE

Veuve, 65 ans, simple, soignée et coquette, aisée avec voiture, ch. ami soigné. CAR 43.21.[redacted]

Recherche hom. 40/65 ans pour partager longues soirées d'hiver au coin du feu amant-amante, JF 41 ans, blonde aux yeux verts. Discrètement vôtre. ADL (réf. 296R) Tél. 45.67.[redacted]

Dangereuse et explosive : yeux de braise, corps de feu, magma bouillonnant, tel un volcan en éruption, fem. d'âge mûr souh. rencontrer celui qu'elle envahira de sa lave et qu'elle conduira sur les chemins de l'enfer. ADL (Réf. 202R) 46.05.[redacted]

◆ Jolie célibataire veut amour durable ou amitié avec monsieur vivant seul. 48.39.[redacted]

◆ Homme 40 ans recherche femme 30/50a pour amour, amitiés, relation suivies. 42.26.[redacted]

◆ H 39a. très sportif ch alter égo féminin pour relation durable. 43.41.[redacted]

◆ Roger, 35a, seul dans F3, timide, sportif, 1m75, 70k phys. agréable, désire lier amitié avec JF 20/40a africaine, antillaise ou F des Iles, jolie, mince, libérée, coquine, pr un moment, pour la vie. Tél. + photo souhaités. Roger tél. 60.75.[redacted]

Très belle JF pulpeuse aux courbes évocatrices, rech. des moments magiques à partager avec un H. ss tabous. (MBA 3206) **42.46.[redacted]**

F. superbe 38a Thaïlandaise, sensuelle, corps impudique, ch. délivrance libérée avec H. subtil, galant (2856) Opportunité Tél. 44.25.[redacted]

Superbe JF 24a, ch. H. ardent pour enflammer ses sens. (VH 9430) 48.01.[redacted] Fire

30a, BLONDE avec un corps de rêve, moulée dans un tailleur haute couture, perchée sur talons aiguilles, féminine jusqu'au bout des ongles, rech. à découvrir l'amour sous toutes ses formes avec monsieur audacieux. (CRP510/2) **42.56.[redacted]**

24 ans, JF féminine, avec un corps de rêve, provocante et sexy, recherche homme pour relation endiablée. (CRP 543/2) **Tél. 42.56.[redacted]**

Elégante F. d'âge mûr, souh. s'évader de sa vie quotidienne, en manque de nouvelles émotions, exclusivement pour hom. discret. ADL (réf. 830R) Tél. 45.67.[redacted]

Femme fatale 47 ans, espiègle, des lèvres rouges, des ongles longs, casque d'or, de noir vêtue pour partager passion et fantasme pour H. libre ou pas indifférent. ADL (réf. 290R) Tél. 45.67.[redacted]

PP (N°779) Page 19

➜ Rubrique "contacts" de Paris Paname

Le choc des mots

HORS JEUX

Pétomane remercié

Aleaddin Yatalakoglu, champion de Turquie 1993 de tir au pigeon, n'a pas été autorisé à participer aux championnats de Turquie. Explication de la Fédération : « Il a pris l'habitude de lâcher des pets bruyants pendant les compétitions. » Yatalakoglu envisage un recours contre sa Fédération : « Il n'est pas écrit dans les règlements qu'il est interdit de péter. »

→ Info Matin

Du vent !

Une évidence : pas de jeu sans règles du jeu. Un rappel : tout ce qui n'est pas interdit est autorisé.

Vive le sport

Technologie

Petite annonce, vente :

■ V09934 VDS VELO DIESEL, an 92, 55000km, 43000F. TEL: 27/26/[redacted]/[redacted]∆

→ Le Galibot

Echangiste

Y en a qui doutent de rien...

● Part. échangerait enregistrements « Guignols de l'info » Canal + du 25 sept. et « La ruée vers l'or vert » (docu.), Arte 19 h 30, 26 sept., contre 2 cassettes vierges 180. – Tél. 62.19.[redacted]

→ Annonce passée dans Publi-Toulouse

Rubrique "d'hiver"

C'est unique...

21 h.

6223 A vendre, suite perte de maîtrise su piste, chaussure de ski taille 43 (pied dro l'autre est perdue dans la neige). Très bon pri Ecrire au journal qui transmettra.

0445 Grands haut-par ...oneer, alarme

→ Lausanne Cités

→ Le PAG, Lunéville

Vente groupée

C'est vrai que ça va bien ensemble...

Vite partis

Il reste quand même l'emplacement...

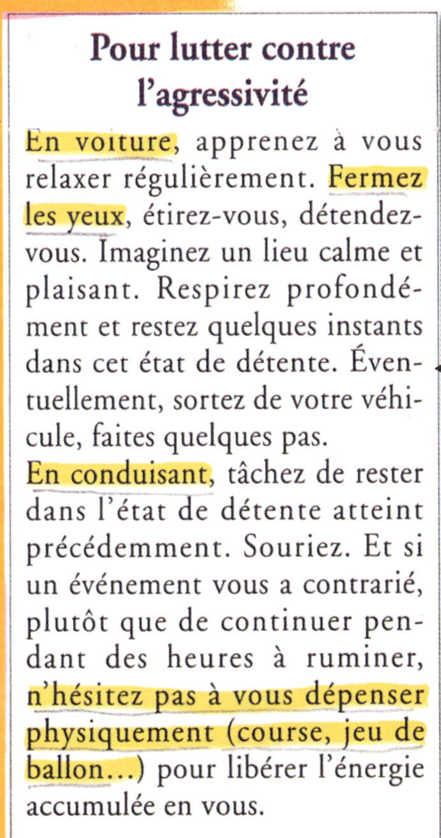

Pour lutter contre l'agressivité

En voiture, apprenez à vous relaxer régulièrement. Fermez les yeux, étirez-vous, détendez-vous. Imaginez un lieu calme et plaisant. Respirez profondément et restez quelques instants dans cet état de détente. Éventuellement, sortez de votre véhicule, faites quelques pas.

En conduisant, tâchez de rester dans l'état de détente atteint précédemment. Souriez. Et si un événement vous a contrarié, plutôt que de continuer pendant des heures à ruminer, n'hésitez pas à vous dépenser physiquement (course, jeu de ballon...) pour libérer l'énergie accumulée en vous.

Pour se détendre en conduisant

Conseils donnés par Le Journal des Français.

Cherchez l'erreur

A vous

Une ville er

Quelques heures après le meurtre de Gilbert Le ont tenu une réunion où l'

FABIEN PONT
et ROBERT LOUIS

Indignation et colère. Alors que les véhicules de gendarmerie formaient une noria incessante rue Corneille, devant le bar l'Union, les habitants de Pauillac ne cachaient pas leur peine et leur émotion. Dans les propos des Pauillacais, comme un leitmotiv, les circonstances du meurtre de Gilbert Le Bourhis, tué en pleine nuit par les cambrioleurs qu'il venait de surprendre chez lui.

« *C'est un drame qui nous touche tous,* reconnaissait M. Bruno, ancien président de l'Union des commerçants. *Il ne se passe pas un mois sans une agression, sans un cambriolage. Régulièrement des cambrioleurs s'en prennent aux magasins. Avec un degré de violence de plus en plus fort. Nous en avons souvent parlé entre nous et nous avions même évoqué l'idée de mettre sur pied des rondes, car il y a un ras-le-bol et une peur de tous. Mais aujourd'hui le pire vient de se produire.* »

Robert Fournier : « Nous ne pouvons pas rester les bras croisés ».

Louis Sénillon, maire de Pauillac : « Le Médoc ne doit pas être un terrain de délinquance ».

DÉJA VICTIME D'UN HOLD-UP

A l'appui de ce sentiment d'insécurité, M. Bruno rappelait les casses récents survenus dans la commune. Dans le magasin de cycles de M. Aubin, juste à côté du PMU, à quatre reprises, ou encore dans les commerces de MM. Martin et Larrue. Gilbert Le Bourhis lui-même avait été victime d'un hold-up au mois de mai dernier. Deux hommes encagoulés et armés l'avaient braqué pour s'emparer du tiroir-caisse. Des individus manifestement décidés, comme ceux qui ont agi au cours de la nuit de lundi à mardi. Les malfaiteurs, qui selon toute vraisemblance voulaient prendre l'argent que Gilbert Le Bourhis rangeait dans un coffre-fort, pensaient probablement séquestrer le couple de commerçants, si l'on considère la paire de menottes et le rouleau de ruban adhésif retrouvés par les enquêteur premier étage.

« UN PROBLÈME RÉCURRENT »

Maire et conseiller génér Pauillac, Louis Sénillon a été u premiers sur les lieux : « *sommes tous dans la peine. Ce des drames que l'on ne peut to Il y a une montée de la violenc nous dénonçons. Nous const depuis deux ou trois ans l'exist de bandes organisées qui com tent des razzias dans les chais casses dans les commerces, n tant pas à agresser physique les citoyens.* » Et le premier m trat de la commune de regrett nouvelle organisation de la gen merie : « *Si je comprends par ment les raisons qui ont cond centralisation des appels et la en place du trinôme (une bri sur trois de permanence la nu ne peux accepter, en tant que re, cette situation.* ».

Successeur de M. Bruno à la de l'Association des comm çants, Robert Fournier s'est tré lui aussi très choqué : « No pouvons pas rester les bras cro Il y a eu mort d'homme aujour Celle d'un ami et d'un collègu crois qu'il faut mener une actio sensibilisation et se mettre cord entre nous pour essayer d re reculer cette violence ».

DES MOYENS TRÈS IMPORTANTS

Pourtant, dans la nuit de lu mardi, c'était justement les darmes de Pauillac qui étaient treinte. Trois militaires ont leurs patrouillé toute la nuit.

le jouer !

état de choc

:his (lire en page 5), les commerçants pauillacais
on le partageait à la colère

est par la fenêtre du premier étage que les cambrioleurs ont pénétré chez Gilbert Bourhis *(Photos Thierry David)*

ant 4 heures, ils se trouvaient de-
t le bar l'Union. Et juste après
erte, malgré le portail cadenas-
ils ont pu sortir aussi rapide-
nt que d'habitude en emprun-
t une autre sortie.

Commandant le groupement de
ıdarmerie de la Gironde, le colo-
Brachet, après avoir rappelé
e la délinquance n'était pas plus
portante dans le Médoc qu'ail-
rs, a souligné l'importance des
yens mis en œuvre : une quaran-
ne d'enquêteurs et le renfort
xperts venus de l'Institut de re-
erches criminelles du centre de
sny-sous-Bois. Toute la journée
ier, ils ont passé les lieux du
urtre au peigne fin, à la recher-
e du moindre indice, de la moin-
e empreinte.

Les commerçants baissent le rideau

■ L'association des commerçants et artisans de Pauillac appelle tous les commerces à fermer de 10 heures à 12 heures, jeudi 3 octobre, et organise à cette même heure une réunion à la mairie, réunion de réflexion, concertation et analyse sur « l'insécurité actuelle de vivre le commerce au[...] tidien dans nos bour[...] nos cités et nos banlieu[...]

De son côté, le CI[...] Gironde, dans un co[...] qué, demande au go[...]ment « de ne pas faire d'économies budgétaires en ce qui concerne la sécurité des biens et des personnes.

Dans l'attente d'une modification du système éducatif qui ne donne plus les repères indispensables à la jeunesse et demande des mesures immé-

LESPARRE

Ne cherchez plus :

Appréciez l'impact de la photo de Robert Fournier, joignant le geste à la parole. "Nous ne pouvons pas rester les bras croisés".

Tous ces gens ont payé pour passer leur annonce

■ 40 ANS, bien roulée, ras le bol des intello souh renc camionneurs sympa pour enfin passer à l'action. Ecr Jal S/REF 381-1724.

→ Le 38

Transport

Einstein le disait : mieux vaut un imbécile qui agit que dix génies qui hésitent.

Sur un grand pied

A chacun ses critères d'élégance.

◆ Rech. chaus. P.42 ts styles sauf basket pour pouvoir entrer en discothèque. Tél. : 05 61 94 [redacted] HB réf : 29027047

→ Sud 31 à Saint-Gaudens

Si vs reconnaissez Diane, cr. cocker noir et feu, collier tressé, ou si vs l'avez recueillie, j'offre tb récomp. Vs pourrez la garder si vs le désirez.
☎ 041-78[redacted]. 533171

A prendre ou à laisser

L'amour des animaux a quand même des limites.

• La vraie classe, ses yeux sourient son corps vit, elle est extra ! 41 ans, chef d'entreprise, 1m70, 55kg, div., coupe au carré, chatain, yeux bleux magnifiques, sans chichi, sans blabla, elle hait le mensonge et la tricherie, les conflits aussi, préfère les ambiances soft, beaucoup d'écoute, intègre, humour, fine sensibilité, sensuelle. Aime danser, vieille pierres, chier, nature, ski,voile, chevaux, foret, VTT, ciné, théâtre, virées à Paris, littérature, déco., WE imprévus, sait très bien recevoir, vous : âges et sit. en rapport, C ou D, tendresse, dialogue, humain, enfts bienv., Réf. 6034 Fidelio 56 rue Volant 92000 Nanterre Tél. 47.25.[redacted] (00A031040)

→ Journal gratuit d'Asnières

Besoin Naturel

Au moins, on sait ce qu'elle aime !

Econome

Les piles sont-elles neuves ?

■ VDS Godemichet très peu servi bon état 150F T.61.52.[redacted]

→ Hebdo Toulouse

Style télégraphique

Il a oublié de mettre : "rad" comme radin.

■ J.H. 35a cél. y. gr. leg. cal. v. conv. jol. F. 35a y. v. ch. br. co. seu. 2 F 2 la for. é. de la réal. 2 c. sent. jé dja vu é vq 2 nomb. ch. mètu peu m'app. enc. beauc. par. ex. me fer. part. ta pas? Hes enc. part. no. des. !

→ Le Télex de Forbach

Le poids des photos

→ Sur une route de Bretagne

Arrêtez-vous

Rien n'arrête les prix Nobel.

Mort de rire

Lourdeur

Il y a le règlement. Et il y a son application.

→ Photo prise à La Rochelle

Forcément...

L'hôpital n'est pas très loin non plus.

Sans issue

Quelle différence entre le dentiste et le cimetière ? Quand faut y aller, faut y aller.

Sans regret

Ce qui ne veut pas dire que les honnêtes gens soient forcément à gauche.

Imprimé en France par Pollina, 85400 Luçon
N° d'édition : 18764
N° d'impression : 79095
Dépôt légal : décembre 1999